DELIUS KLASING

Claus Baalmann/VolkerMöhle/Thomas Weinhardt

Das ist Cat-Segeln

Delius Klasing Verlag

Dieses Buch beruht auf umfangreichen Erfahrungen der Autoren im Wassersportunterricht, unter anderem im Rahmen langjähriger Mitgliedschaft im Lehrteam des Verbandes Deutscher Windsurfing und Wassersportschulen e.V. (VDWS).
Wir bedanken uns ausdrücklich für die freundliche Unterstützung und Beratung bei:
Hobie Cat Europe, Open Ocean, Race N'sail, Sail & Surf Pollensa sowie bei Rollo Beckmann, Sandra Grassl, Jörg Hinnen, Gisella und Gottfried Möller, Thierry Monge, Guenter Rebsdat, Katrin Rühe und bei vielen Catlehrerinnen und -lehrern des VDWS.

Die Deutsche Bibliothek - CIP-Einheitsaufnahme

Das **ist Cat-Segeln** / Claus Baalmann/Volker Möhle/Thomas Weinhardt.-Bielefeld: Delius Klasing, 1997
ISBN 3-7688-0983-8
NE: Baalmann, Claus; Möhle, Volker; Weinhardt, Thomas

ISBN 3-7688-0983-8

Einbandgestaltung: Ekkehard Schonart
Demonstration: Thierry Monge und Katrin Rühe sowie Jörg Hinnen, Sandra Grassl und andere
Fotos: Autoren sowie Katrin Rühe, Gottfried Möller, VDWS
Zeichnungen: Karin Buschhorn
Druck: Ernst Uhl GmbH, Radolfzell
Printed in Germany 1997

Inhalt

WILLKOMMEN AN BORD 7

BAUGRUPPEN 8
Fahrgestell 10
Ruderanlagen 12
Das Rigg: Mast, Wanten, Stage 14
Das Rigg: Segel, Fallen, Schoten 16
Catamarantypen 18

AUFBAU UND ZUBEHÖR 20
Rümpfe montieren 22
Mast stellen 24
Sicherheits-Check 26
Richtige Kleidung 28
Schwimmweste, Trapez, Sicherheit 30

DEN CAT STARTKLAR MACHEN 32
Der Wind 34
Großsegel setzen 36
Fock setzen 38
Cat slippen 40
Nach dem Segeln 42

BASIC-FAHRTECHNIK 44
Richtig bewegen 46
Segelstellung 48
Steuern: Abfallen, Anluven 50
Ablegen vom Strand 52
Anlegen am Strand 54
Starten und Landen bei Wellen 56
Treiben auf dem Bug 58

KURSE ZUM WIND 60
Amwindkurse 62
Halbwindkurs 64
Raumschots 66

BASIC-MANÖVER 68
Basic-Wende 70
Wenden: Strandtraining 72
Verhungert beim Wenden 74
Tips und Tricks beim Wenden 76
Kreuzen nach Luv 78
Basic-Halse 80
Halsen: Strandtraining 82
Halsen: Griffvariante 84
Kreuzen nach Lee 86
Beidrehen und Beiliegen 88
Kentern 90
Aufrichten 92

MANÖVER FÜR AUFSTEIGER 94
Frau über Bord 96
Trapezsegeln 98
Trapez: Strandtraining 100
Steuermanntrapez 102
Gennakersystem 104
Gennaker setzen 106
Gennaker fahren und halsen 108
Gennaker bergen 110

SEGELTHEORIE / TRIMMPRAXIS 112
Das Segelprofil 114
Abdrift und Krängung 116
Luv- und Leegierigkeit 118
Der relative Wind 120
Trimmeinrichtungen 122

BASIC-WISSEN 124
Cat und Sicherheit 126
Ausweichregeln 128
Knoten für die Praxis 130
Cat-Transport 132
Kinder auf dem Cat 134
Catamaranschule 136

ANHANG 138
Wörterbuch 140

Willkommen an Bord

Ein schöner warmer Tag im Frühling, die Sonne scheint, Wind setzt ein. Der Cat steht am Strand bereit - reinschieben und lossegeln. Übers Wasser gleiten, einen Rumpf über den Wellen schweben lassen, die Geschwindigkeit genießen:

Das ist Catsegeln.

Jahrelang war Catsegeln nur eine Randerscheinung im weiten Spektrum des Segelsportes. Das hat sich geändert, Mehrrümpfer liegen im Trend. Immer mehr Menschen sind fasziniert von diesem Sport, von dem Erlebnis, hautnah am Wasser zu sein, vom Spaß in der Gruppe, von der Geschwindigkeit und Dynamik.

Catsegeln ist ein Teamsport und gerade deshalb Sport für die ganze Familie. Selbst die Kleinsten können, bei wenig Wind und mit Sicherheitsweste ausgerüstet, schon mal mitsegeln. Bemerkenswert ist aber auch, wie schnell und leicht Catamaransegeln zu lernen ist, vorausgesetzt, die Anleitung stimmt. Ohne das entsprechende Wissen und Können wird ein Cat vor allem bei mehr Wind auch ein gefährliches Sportgerät - für die eigene Crew ebenso wie für andere Wassersportler. Wer nicht mit befreundeten Catseglern erste Erfahrungen sammeln kann, sollte einen Kurs in einer Catamaranschule besuchen. Dort wird das notwendige Wissen und Können dank ausgefeilter Methoden schon in wenigen Stunden vermittelt. Am Ende eines Grundkurses kann man dann den Grundschein erwerben und unter Aufsicht der Schule einen Catamaran mieten, später auch ganz selbständig segeln. Der große Vorteil dabei: Das nötige Equipment ist vorhanden, teure Anschaffungen sind zum Start nicht notwendig.

Ambitionierte Seglerinnen und Segler mit den entsprechenden Möglichkeiten werden sich ein eigenes Boot kaufen. Für viele andere bleibt Catsegeln ein Hobby für den Urlaub. Immer mehr Ferienclubs und Wassersportschulen halten eine ganze Flotte von Cats am Strand bereit.

Dieses Buch ist als Unterstützung und Anleitung für diejenigen gedacht, die einen fundierten Einstieg in die Welt des Catsegelns suchen und sich weiterbilden möchten. Praxisorientiert, mit vielen Fotos und wenig Text, werden die wichtigsten Manöver für Einsteiger und Fortgeschrittene vermittelt. Im übrigen gilt: Segeln lernt man zuerst beim Segeln. In diesem Sinne „Willkommen an Bord!“

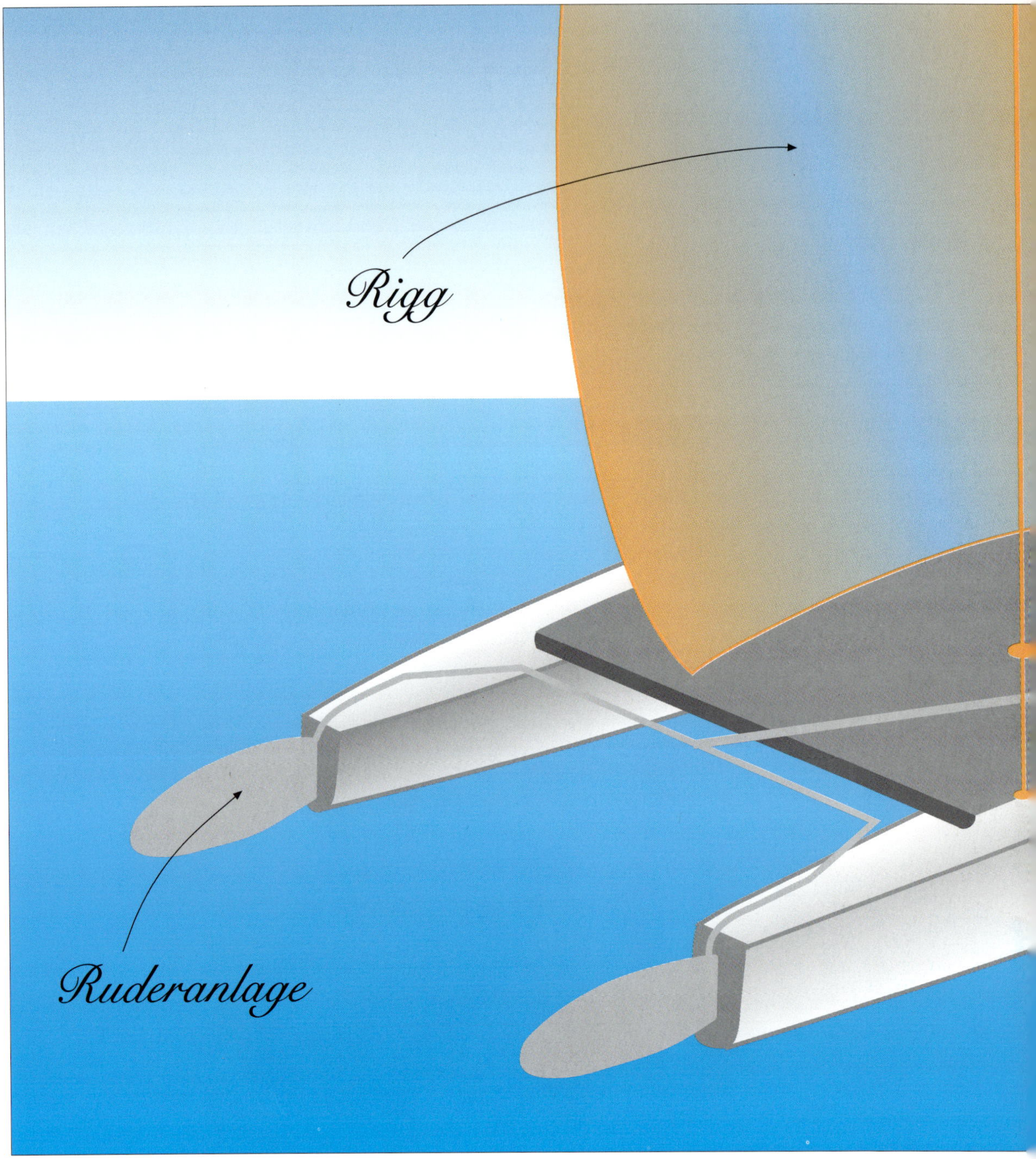
Rigg
Ruderanlage

Bau-
gruppen

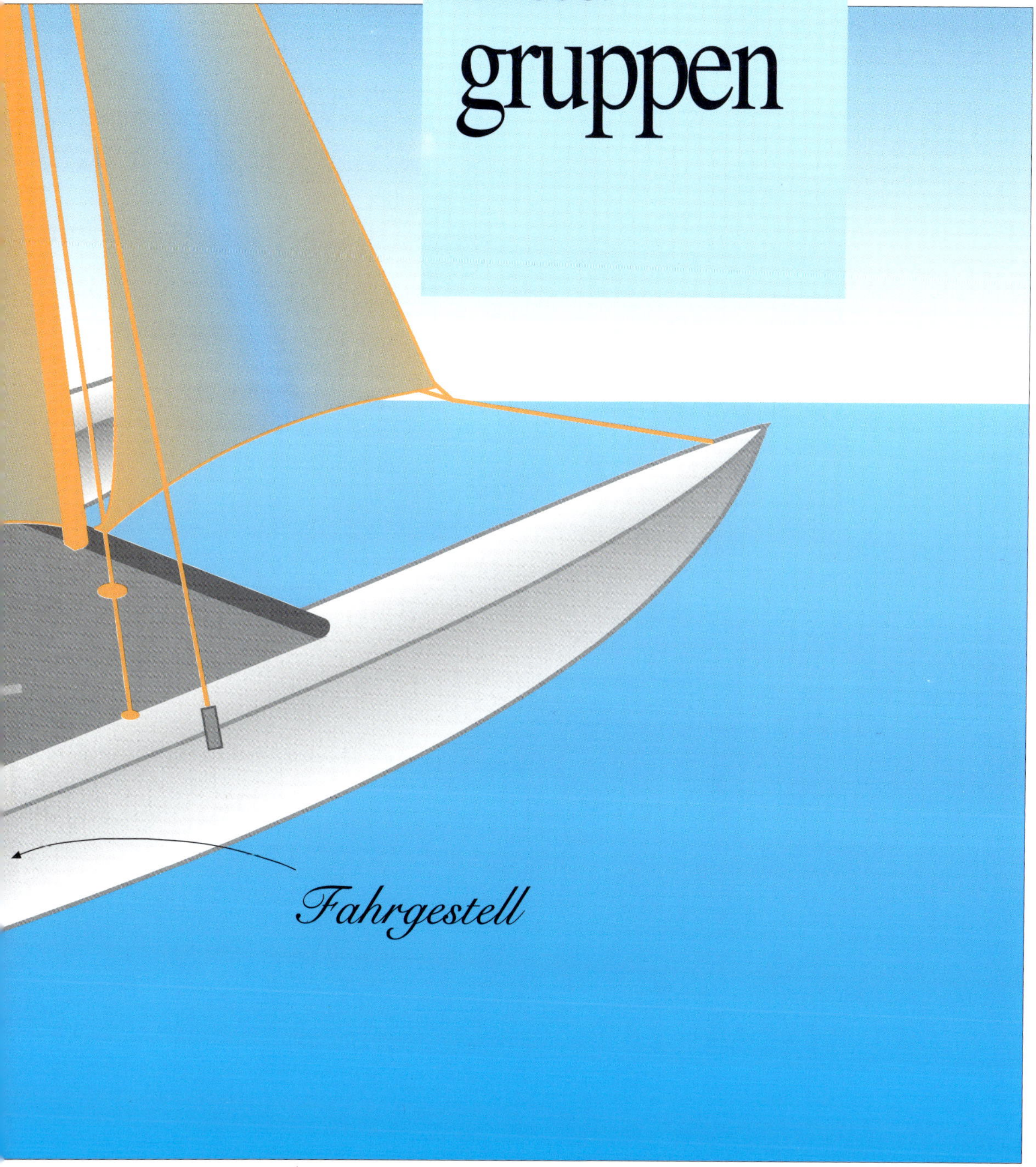

Fahrgestell

Beide Rümpfe sind durch Vorder- und Achterholm verbunden. Zwischen Holmen und Rümpfen ist das Trampolin verspannt. Am Heck ist die Ruderanlage befestigt.

Zum Fahrgestell, vorn Bug, hinten Heck, gehören die beiden Rümpfe, die verbindenden Holme, Vorderholm und Achterholm, und das zwischen Holmen und Rümpfen gespannte Trampolin.

Der vordere Holm trägt den Mast, er wird deshalb auch Hauptholm genannt. Auf dem achtern (hinten) liegenden Holm läuft die Travellerschiene mit dem Travellerschlitten zur Veränderung der Segelstellung.

Die Länge der Rümpfe dient traditionell als Anhaltspunkt für die Typenbezeichnung. Strandcatamarane sind meist 4 m bis 6 m lang und haben eine Breite von ca. 2,20 m bis 2,60 m. Die Länge wird bei Booten in Fuß angeben (1 Fuß = 30,5 cm). Weit verbreitet sind also 15er bis 18er Catamarane. Die Form der Rümpfe (Breite, Höhe und Volumenverteilung) ist ausschlaggebend für das Fahrverhalten. Schwerter verringern die durch den Segeldruck entstehende seitliche Abdrift. Bei den sehr typischen Strandcatamaranen gibt es anstatt eines Schwerts konstruktive Alternativen wie Kielhacken oder asymmetrische Rümpfe.

Kunststoff (GFK) in Sandwichbauweise ist das am meisten verwendete Material für Rümpfe; diese Konstruktionen sind leicht und formstabil. Bei kleineren Cats werden die Rümpfe oft auch aus PE hergestellt. Die Rümpfe müssen für den Notfall mit Auftriebskörpern ausgerüstet sein.

Durch Luftfeuchtigkeit und Temperaturwechsel entsteht in den Rümpfen Schwitzwasser. Es muss durch Lenzschrauben am Heck oder über die Lukendeckel entleert werden. Bei längerer Lagerung und Transport sollten die Deckel und Lenzschrauben geöffnet bleiben. Druckunterschiede durch Erwärmung und Abkühlung der Luft in den Rümpfen können sonst zu einer dauerhaften Verformung der Rümpfe führen.

Die Luken ermöglichen Kontrolle und Reparatur der Rümpfe, können aber auch als Stauraum genutzt werden.

Unter dem Trampolin verlaufen die Gummischnüre zum Spannen der Trapezleinen.

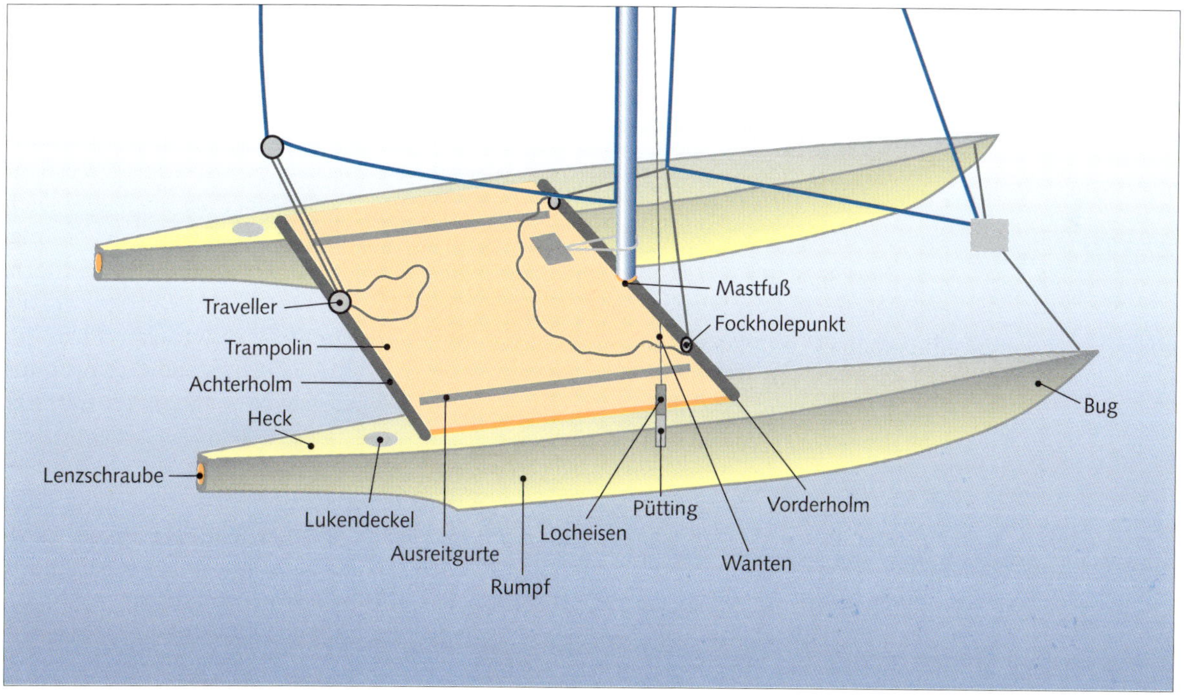

Ruderanlagen

Die Parallelität der Ruderblätter wird durch Vermessen von Vorder- und Hinterkanten geprüft und sorgfältig eingestellt.

Die Ruderbeschläge an den beiden Hecks halten die Ruderschäfte, welche die ins Wasser absenkbaren Ruderblätter aufnehmen. Mit Hilfe der Ruderpinnen werden die Ruderblätter bewegt. Die Spurstange verbindet beide Pinnen und ermöglicht gleichzeitige Steuerausschläge.

Beim Rudereinschlag wird für Innen- und Außenruder der unterschiedliche Kurvenradius berücksichtigt. Wichtig für die Segeleigenschaften ist die Parallelität der beiden Ruderblätter, die über eine Schraube an der Spurstange nachjustiert werden kann. Falsch eingestellte Ruderanlagen bremsen

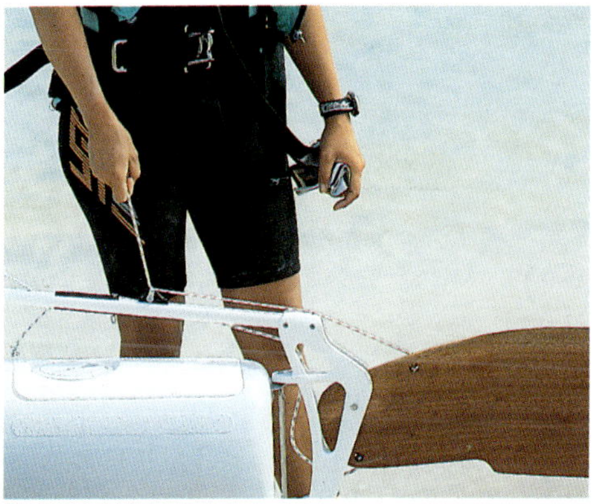

Heben, Absenken und Arretieren der Ruder vor jedem Start überprüfen.

Am Ruderbeschlag ist die Ruderanlage befestigt. Im Ruderschaft sitzen die Ruderblätter. Die Spurstange verbindet die Ruderpinnen.

Arretierung lösen durch Heben der Ruderstange.

und führen zu einem typischen Brummgeräusch bei höherer Fahrt.

Der Pinnenausleger ist in der Mitte der Spurstange mit einem Drehgelenk befestigt. Er ist relativ lang oder hat eine integrierte Teleskopverlängerung. So kann auch der Steuermann ins Trapez oder bei wenig Wind mit Gewichtsverlagerung zum Bug den Trimm beeinflussen.

Beim Segeln müssen die Ruderblätter trotz hoher Geschwindigkeit senkrecht nach unten stehen, sich beim Auflaufen auf ein Hindernis jedoch lösen, um Beschädigungen zu vermeiden. Zum Schutz der Ruderblätter müssen sie auch an Land aufgeholt werden können. Jeder Hersteller hat hier seine eigene Lösung gefunden, wobei normalerweise ein Arretierungssystem verwendet wird. Bei den meisten Catamaranen sind Schwenkruder installiert, die beim Auflaufen auf Grund hochklappen. Lediglich der Topcat hat ein Steckruder, das aber auch bei Grundberührung hochklappt.

Der Mast steht auf dem Vorderholm. Er ist drehbar. Sein Profil und seine Fläche verbessert den Vortrieb.

Am Hauptbeschlag im oberen Drittel des Mastes sind Trapezdrähte, Wanten und Vorstag befestigt.

Das Rigg: Mast, Wanten, Stage

Die festen und beweglichen Halte- und Bedienungseinrichtungen für Mast und Segel werden als stehendes und laufendes Gut bezeichnet. Zum stehenden Gut gehören das Vorstag und die Wanten, die den Mast in seiner Position halten. Sie sind an einem Bügel unterhalb der Mastspitze befestigt, dem Hauptbeschlag. Das Vorstag ist mit einem Drahtseil zu jedem Bug verspannt, der Hahnepot (Hahnenfuß). Befestigungspunkte an den Rümpfen für Stage und Wanten heißen Püttings. Locheisen zwischen den Wanten und den Püttings dienen der genauen Einstellung für den Trimm. Im Vergleich zu Jollenriggs sind die Riggs bei Cats sehr hoch und schmal. Aufgrund der deshalb hohen Kräfte am Mast wird auf Catamaranen für das Großsegel eine Arretierung eingesetzt. So kann der durch das Segelgewicht und die Segelspannung auftretende Stauchdruck auf den Mast erheblich vermindert werden.

Es gibt verschiedene Systeme. Beim Nippelsystem ist auf dem Großfall eine Hülse aufgepresst, die in eine Klaue am Masttopp geführt wird. Zum Setzen des Segels wird

Nippelsystem: Ein auf das Fall aufgepresster Nippel hängt unter einer Klaue am Masttopp.

Zum Aushaken: Fall nach unten gespannt etwas vom Mast wegziehen.

Hakensystem: Ein Ring am Fall hakt in einen am Mast befestigten Haken ein.

Etwas hochziehen, den Mast drehen, und der Ring rutscht aus dem Haken.

das außen laufende Fall vor dem Mast nach unten gezogen. Zum Segelbergen wird das Fall erst nach unten straff gezogen und dann unter Spannung schräg nach vorn geführt, damit die Hülse aus der Klaue rutscht.
Beim Hakensystem läuft das Fall im Mast. Es kommt am Mastfuß heraus, die Zugrichtung geht zum Heck. Am Masttopp ist ein Haken montiert, der einen Ring am Ende des Falls aufnimmt. Zum Aushaken wird das Segel etwas hochgezogen und der Mast mit dem Mastcontroller verdreht: So kann der Ring am Haken vorbeirutschen.

Mit Saling und Diamonds wird der Mast versteift und die Mastbiegung kontrolliert.

Das Rigg: Segel, Fallen, Schoten

Sämtliche Teile oberhalb des Rumpfes, also Mast, stehendes und laufendes Gut sowie die Segel gehören zum Rigg.

Kleines Bild: Zur Ausbildung des Segelprofils werden die Segelseiten mit Trimmvorrichtungen gespannt; hier am Großbaum ein Unterliekstrecker.

Mit dem Vorliek-
strecker wird das
Vorliek gespannt.

So erhält das Fockfall
die notwendige
Spannung.

Fock- und Groß-
fall werden aufge-
schossen und in
einer Tasche auf
dem Trampolin
verstaut.

Das Profil hoher und schmaler Segel muss mit durchgehenden Segellatten stabilisiert werden. Bei vielen Cattypen ist auch das Focksegel, oder kurz: die Fock, durchgelattet. Woll- oder Nylonfäden an kleinen Fenstern in den Segeln geben Auskunft über die Strömungsverhältnisse am Segelprofil.

Die Segelseiten oder -kanten werden als Lieken bezeichnet, nämlich Vorliek, Unterliek und Achterliek. Die Ecken heißen Segelkopf, Segelhals und Schothorn.

Alle beweglichen Teile am Rigg zählen zum laufenden Gut. Mit Groß- und Fockfall werden die Segel gesetzt oder geborgen. Zum Einstellen der Segel dienen die Groß- und die Fockschot sowie die Travellerschot. Oft haben Cats eine aufrollbare Fock; sie wird mit der Rollerleine eingerollt und mit der Fockschot aufgezogen.

Mit dem Vorliekstrecker wird die vordere Kante des Segels gespannt. Das Achterliek erhält Spannung über die Einstellung der Großschot, die Unterkante des Segels entsprechend mit dem Unterliekstrecker. Bei Cats ohne Großbaum wird das Unterliek mit der Großschot getrimmt.

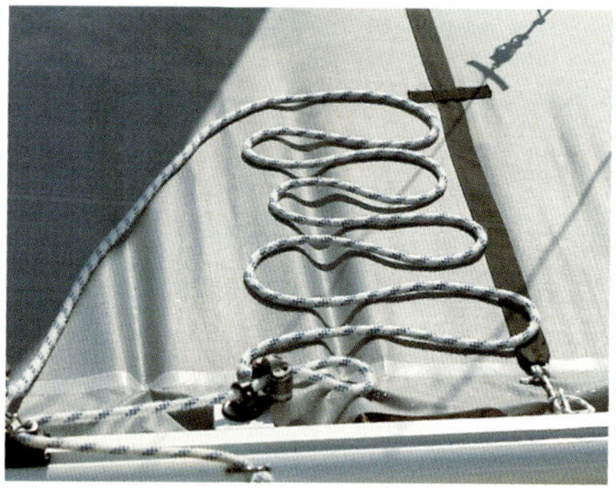

Fock- und
Großschot sind
sehr lang, damit
sie vom Trapez
aus bedient wer-
den können.

Der Hawk hat symmetrische Rümpfe ohne Kielhacke, dafür Steckschwerter gegen die Abdrift. Achtung im seichten Gewässer!

Catamarantypen

Bei Catamaranen gibt es eine Vielzahl von Typen mit unterschiedlichen Ausstattungen und Detaillösungen. Ein ideales Boot für den Einsteiger muss nicht zwangsläufig für den Fortgeschrittenen uninteressant sein. Catamarane sind oft durch Vorgaben aus dem Regattasegeln geprägt. In den meisten Bootsklassen gibt es Regeln, die den Umfang der Ausrüstung begrenzen und die Bauform festlegen. Somit ist in den Einheitsklassen die Herstellung identischer Boote über lange Zeiträume gesichert, und die Teilnehmer an Regatten treten mit gleichem Material an. Populär sind auch Klassen wie die Formel 18, in der bestimmte Maximal- bzw. Minimalwerte vorgegeben sind. Innerhalb dieser Maße darf dann von allen Herstellern relativ frei konstruiert werden. Das Ergebnis sind Rennmaschinen wie der Dart Hawk oder Hobie Tiger.

Entscheidend für die Wahl eines Bootes, das vorrangig für den Freizeitsport genutzt wird, sind letztendlich nur wenige Fragen. In welchem Revier segele ich, welche Lager- und Transportmöglichkeiten sind gegeben, wie ist das Können und die Erfahrung der Crew. Bei technisch vergleichbaren Cats ist der persönliche Geschmack im Hinblick auf die Ästhetik mit ausschlaggebend. Nicht zuletzt ist ein einfach ausgestatteter Cat sehr viel preisgünstiger als eine heiße Regattamaschine.

Vom kleinen Kindercat aufwärts gibt es zahlreiche Boot- und Riggvarianten für jede Könnensstufe.

Die Kielhacke reduziert die seitliche Abdrift.

Links: Die symmetrische Rumpfform benötigt ein Schwert oder eine Kielhacke, um gegen die Abdrift zu wirken.

Rechts: Der asymmetrische Rumpf wirkt besonders, wenn der Luvschwimmer aus dem Wasser ragt.

Aufbau und Zubehör

1. Zunächst werden die Rümpfe mit den Holmen verbunden.

Rümpfe montieren

2. Damit sich das Fahrgestell nicht verwindet, sind die Rümpfe gut mit den Holmen verschraubt.

Die Rümpfe werden mit Vorder- und Achterholm verbunden. Je nach Bauart werden die Teile gesteckt oder zusammengeschraubt. Der Untergrund muss für die Montage eben sein, um ein Verkanten zu vermeiden. Bei einigen Typen wird vor der Montage des zweiten Rumpfes das Trampolin in die Führungsnut am Vorderholm eingeführt. Sind die Holme richtig verbunden, wird das Trampolin in die innenliegenden Nuten an den Rümpfen eingezogen und am Heck oder an der Seite stramm verspannt. Die Spannung erhöht die Lebensdauer des Trampolins und erleichtert die Bewegungen auf dem Cat beim Segeln. Die Ausreitgurte und die Blöcke für die Fockschot werden befestigt, die Hahnepot wird montiert und zum Schluss die Ruderanlage am Heck eingehängt und gesichert.

3. Gleichmäßiger Zug auf beiden Seiten erleichtert das Einführen des Trampolins.

4. Die hintere Trampolinverschnürung wird am Achterholm angebracht.

5. Das Trampolin muss immer gut unter Spannung sein.

6. Für das spätere Maststellen muss die Hahnepot am Bug der Rümpfe befestigt werden.

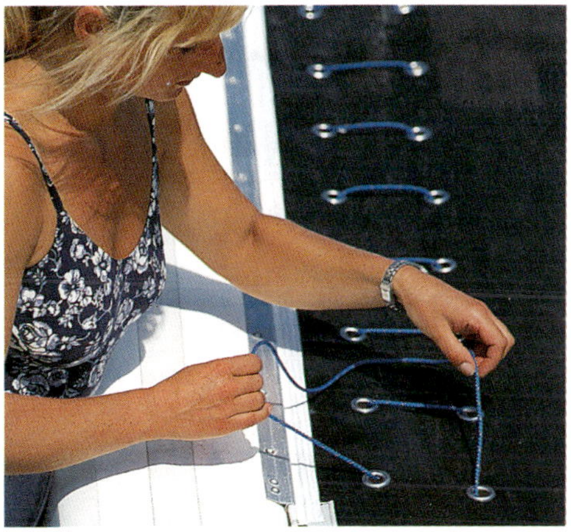

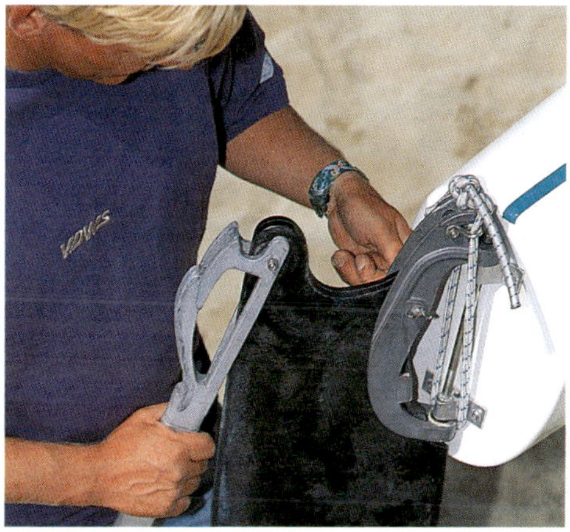

7. Einige Trampoline werden auch in Querrichtung verspannt.

8. Zum Schluss wird die Ruderanlage am Heck montiert.

1. Wanten, Vorstag und Trapezdrähte sind vom Hauptbeschlag aus sortiert. Den Mast in die Ausgangsposition bringen.

2. Ein Crewmitglied sichert den Mastfuß durch Druck auf die Kugel am Vorderholm, das andere drückt den Mast hoch.

Mast stellen

5. Vor dem Maststellen werden die Wanten an den Püttings befestigt. Die Feineinstellung an den Locheisen erfolgt beim Trimmen.

Teamarbeit ist angesagt! Das beginnt mit dem Sortieren von Vorstag, Wanten und Trapezdrähten am Hauptbeschlag. Die Wanten mit den Locheisen werden mit Splinten an den Püttings festgemacht. Durch Anbringen einer Leine kann das Vorstag verlängert werden, um den Zugwinkel zu verbessern. Der Mast sollte gegen Abrutschen von der Mastkugel gesichert sein. Ist er aufgerichtet, wird er solange gesichert, bis das Vorstag mit der Hahnepot verbunden ist. Dann wird noch das Trapezgummi unter dem Trampolin durchgeführt und angeknotet, die Kenterleine am Mastfuß sowie die Rollerleine für die Rollfock befestigt.

3. Reichen die Arme nicht mehr, erfolgt ein schneller Platzwechsel.

4. Das vordere Crewmitglied zieht und sichert den Mast.

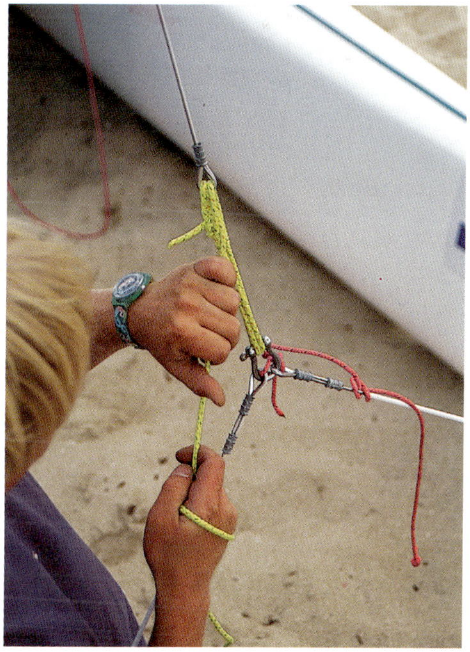

6. Mit beiden Trapezgriffen in der Hand wird das Aufstellen kontrolliert.

7. Zum Schluss wird das Vorstag an der Hahnepot befestigt. Erst jetzt steht der Mast sicher.

Sicherheits-Check

Der große Sicherheits- und Material-Check im Frühjahr und Herbst sollte eigentlich selbstverständlich sein. Aber auch der regelmäßige Check während der Saison muss fester Bestandteil des Segelns sein, denn ursprünglich kleine Ursachen können fatale Auswirkungen auf dem Wasser haben. Meistens sind die Reparatur- und Ersatzteilkosten nach einem Materialbruch ungleich höher und der Zeitaufwand größer als der vorsorgliche Check.

Angescheuerte Tampen oder Wanten sind auszutauschen, Knoten zu überprüfen, Splintsicherungen zu kontrollieren, Schäkelverbindungen nachzuziehen. Problemstellen wie Splinte oder scharfkantige Beschläge werden durch Abtapen gesichert und entschärft.

Den Cat am Strand umzulegen und sich den oberen Bereich des Mastes anzuschauen, hat schon manche Überraschung ergeben. So müssen zum Beispiel die Verbindungen am Hauptbeschlag für die Wanten und die Vorstagbefestigung regelmäßig kontrolliert und nachgezogen werden.

Die wichtigsten Checkpunkte sind in der nebenstehenden Übersicht aufgeführt.

RIGG	PRÜFEN AUF:
Mast	Risse, Beschläge fest
Wanten, Vorstag	Scheuerstellen
Hauptbeschlag	Festgezogen
Segel, Lattentaschen	Löcher,Risse
Segellatten	Richtig eingebunden
Schäkelverbindungen	Festgezogen
Falle	Scheuerstellen
Fallarretierung	Gangbar
Schoten	Nicht verdreht

RUDERANLAGE	PRÜFEN AUF:
Arretierung	Leichtgängig
Ruderblatt	Kanten o.k.
Ruderkopf	Festsitzend, Verbindung zum Ruderblatt o.k.
Spurstange	Nicht verbogen

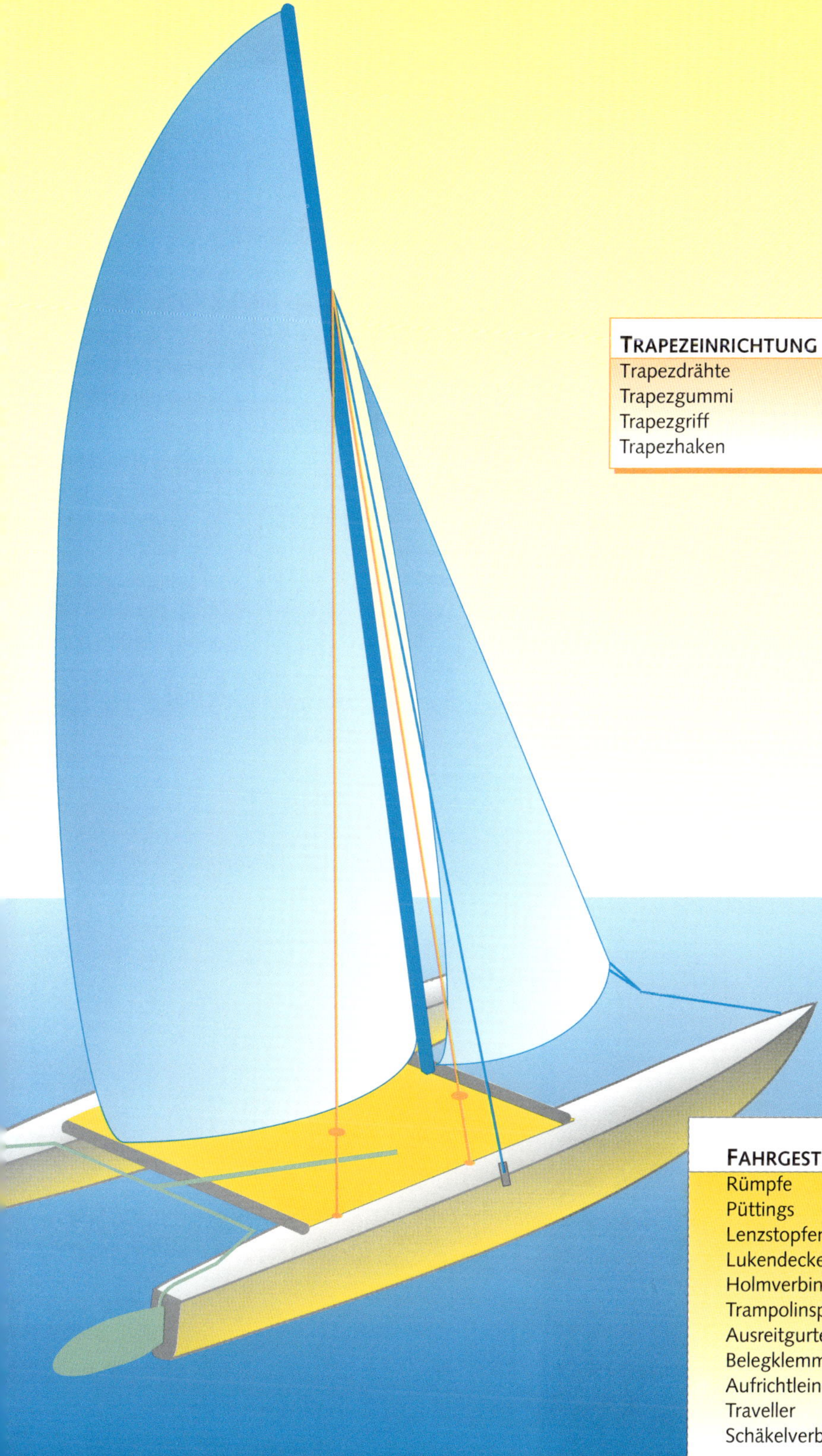

TRAPEZEINRICHTUNG	PRÜFEN AUF:
Trapezdrähte	Scheuerstellen
Trapezgummi	Knoten o.k.
Trapezgriff	Befestigung
Trapezhaken	Befestigung

FAHRGESTELL	PRÜFEN AUF:
Rümpfe	Löcher, Risse
Püttings	Schrauben fest
Lenzstopfen	Verschlossen
Lukendeckel	Verschlossen
Holmverbindungen	Fest
Trampolinspannung	Stramm
Ausreitgurte	Abstand, Höhe
Belegklemmen	Winkel
Aufrichtleine	An Bord, Knoten
Traveller	Leichtgängig
Schäkelverbindungen	Fest

Richtige Kleidung

Die Wahl der richtigen Kleidung ist entscheidend für den Spaß auf dem Wasser. Aufgrund der Geschwindigkeit, verbunden mit Spritzwasser, ist es auf dem Cat immer erheblich kühler als am geschützten Ufer. Bei frischer bis kalter Witterung ist ein Trockenanzug am besten. Neoprenmanschetten an den Armen, Füßen und am Hals verhindern das Eindringen von Wasser. Darunter ist Faserpelzbekleidung ideal, da sie die immer entstehende Feuchtigkeit vom Körper weg transportiert. Neoprenanzüge kommen bei höheren Temperaturen zum Einsatz. Es gibt sie speziell für Catsegler mit Verstärkungen im Knie- und Gesäßbereich sowie stärkerem und wärmendem Material im Hüftbereich. Als Ergänzung zum Neopren bieten sich Jacken aus Nylon mit eng anliegenden Neoprenabschlüssen an. Auch in sehr heißen Urlaubsregionen sollte auf eine schützende zweite Haut nicht verzichtet werden. Die Gefahren von Sonnenbrand, Auskühlung oder Hautverletzungen sind zu groß.

Schuhe schützen vor Kälte, Verletzungen auf dem Boot sowie am Ufer, und sie geben sicheren Stand im Trapez. Halbschuhe oder Stiefel aus Neopren, wie sie auch beim Surfen getragen werden, sind gut geeignet und kombinierbar mit Trockenanzug oder Neopren. Typische Seglerhandschuhe haben abgeschnittene Finger. Damit können auch fummelige Arbeiten mit Schäkel oder Splinten erledigt werden.

Moderne Trockenanzüge sind funktionell und farblich schön. Fast alle haben den Einstieg komfortabel vorn diagonal über die Brust.

Neoprenanzüge sollen eng am Körper anliegen, damit das eindringende Wasser vom Körper erwärmt wird. Bewährt hat sich die Ergänzung mit einem ungefütterten Windblouson.

Ein dünner Sommeranzug schützt vor Verletzung, Sonnenbrand und Auskühlung.

Trockenanzüge werden aus Gore-tex oder PVC gefertigt. Sie müssen unbedingt wasserdicht sein. Vor dem Segeln testen!

Schwimmweste, Trapez, Sicherheit

Am Meer oder auf großen Gewässern, aber auch bei mehr Wind oder kalten Temperaturen gehört eine Schwimmweste zur Standardausrüstung. In Catschulen oder im Verleihbetrieb ist sie auch bei wenig Wind Vorschrift. Die Weste soll so eng sitzen, dass sie im Wasser nicht nach oben zwischen die Ohren rutscht. Nur eine Weste, die bei Manövern nicht unnötig stört oder den Blickwinkel einschränkt, wird nicht als störend empfunden und daher auch williger getragen. Unbequem ist häufig die Kombination von Schwimmweste und Trapez mit allen Gurten und Verschnürungen. Abhilfe schaffen hier Trapezhosen mit integrierter Auftriebshilfe. Auch Trapezhosen ohne Schultergurt und Westen mit Neoprenabschluss an der Hüfte geben viel Bewegungsfreiheit und freie Sicht zum Trapezhaken. Eine Trapezhose sollte eigentlich immer, auch bei wenig Wind, an Bord sein. Frischt der Wind auf, kann das Kreuzen gegen den Wind ohne Ausreithilfe schnell zum mühsamen und gefährlichen Unterfangen werden.

Zur festen Ausrüstung auf dem Cat sollte ein Paddel gehören, das durch den Lukendeckel in den Rumpf gesteckt wird, auf dem Trampolin oder seitlich am Baum befestigt werden kann. Auf einigen Binnengewässern sind bestimmte Notausrüstungen vorgeschrieben, hier muss sich die Crew entspre-

Hüfttrapeze sind kompakt und ermöglichen große Bewegungsfreiheit. Sie sollten dicht anliegen.

Rechts: Trapeze gibt es in verschiedenen Ausführungen. Auch mit Schwimmweste muss der Haken gut erreichbar sein.

chend erkundigen und ausstatten. Signalmunition kann vor allem auf größeren Gewässern und an der Küste, besonders bei starkem ablandigem Wind, sinnvoll sein. Tampen, Ersatzschäkel, Tape und ein Universalwerkzeug sind in Notfällen immer sehr nützlich.
Mittlerweile bieten fast alle Hersteller kleine Stautaschen zur Befestigung auf dem Trampolin an oder nähen diese fest auf. Hier kann Reparaturmaterial oder Werkzeug gut versorgt werden.

Mit Neoprenbund und seitlichen Verstellmöglichkeiten kann die Schwimmweste angepasst werden.

Handschuhe sind bequem und griffig. Da beim Catsegeln ständig die Schoten zur Optimierung der Segelstellung bedient werden müssen, sind sie ein wirkungsvoller Schutz für die Hände. An der Aufrichtleine sind Handschuhe fast unverzichtbar.

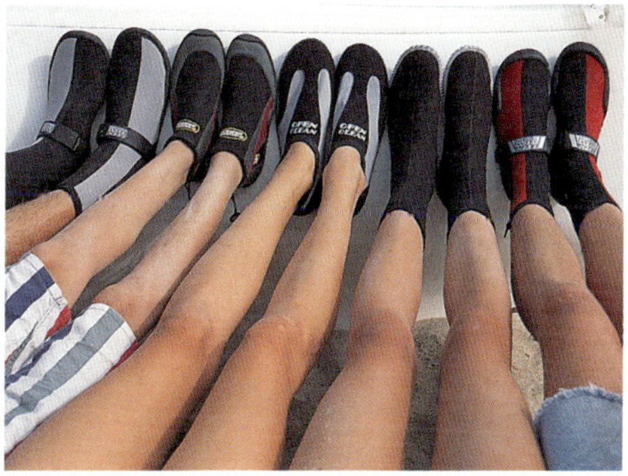

Schuhe geben nicht nur Halt und schützen vor Verletzungen, sondern können auch wärmen.

HOBIE 16
HOBIE CAT
HOBIE CAT
DUBAI PORTS

Den Cat startklar machen

Der Wind

Wer genau beobachtet, kann die Hauptwindrichtung in einem Segelrevier gut ausmachen. Hier herrscht überwiegend starker auflandiger Wind.

Die Fachbegriffe für die Orientierung zum Wind prägen alle Manöver und Aktionen beim Segeln. Die dem Wind zugewandte Seite heißt Luv; die windabgewandte Seite Lee. Luv und Lee werden immer auf eine Person oder einen Gegenstand bezogen. Auf dem Wasser stehen die Segel auf der Leeseite, die Crew sitzt normalerweise auf der Luvseite des Bootes. An Land muss der Cat stets so aufgestellt werden, dass die Segel dem Wind möglichst wenig Angriffsfläche bieten. Der Bug wird zum Wind ausgerichtet. Drei Bezeichnungen für die Windrichtungen dienen der Groborientierung: Auflandig (vom Wasser aufs Land), in umgekehrter Richtung ablandig, oder etwa parallel zum Strand (sideshore). Auflandige Windverhältnisse erzeugen am Meer hohe Wellen bereits in Ufernähe, die sich zu einer Brandung aufbauen können. Ablandiger Wind täuscht harmlose Bedingungen vor: Durch Abdeckungen wirkt der Wind manchmal eher schwach, und in Ufernähe ist das Wasser noch glatt. Erst einige hundert Meter weiter draußen entwickelt ablandiger Wind seine volle Stärke.

Die Windrichtung lässt sich an Fahnen, Booten vor Anker und anderem gut erkennen. Wie stark der Wind bläst, ist schon schwieriger zu ermitteln und vor allem auch Erfahrungssache. Die Angabe von Windstärken in Beaufort (Bft.) ist sehr ungenau, weil sie keine physikalische Maßeinheit bildet. Beaufort werden von Flaute bis Orkan (Beaufort Skala 0 – 12) anhand von beobachtbaren Windeinflüssen an Land und auf dem Wasser ermittelt. Genaue Angaben liefert das Maß für die Windgeschwindigkeit, ausgedrückt in Metern pro Sekunde (m/s) oder Kilometern pro Stunde (km/h).

Sind die Segel gesetzt, muss der Cat mit dem Bug im Wind stehen.

Die Flaggen einer Catschule zeigen die Windrichtung sicher an.

Boote am Anker richten sich mit dem Bug zum Wind aus.

1. Segel mit dem Vorliek zum Mast ablegen.

2. Großfall am Segelkopf anschäkeln.

3. Vorliek von unten in die Mastnut einführen.

5. Die Zugrichtung läuft bei diesem Cat in Richtung Heck.

6. Arretierung durch Rucken am Vorliek prüfen.

7. Der Vorliekstrecker wird nur lose befestigt.

4. Segel hochziehen, in der Mastnut mitschieben.

8. Das Fall aufschießen, in der Tasche versorgen.

Großsegel setzen

Der Ablauf des Segelsetzens ist bei den verschiedenen Cattypen prinzipiell gleich. Zum Setzen der Segel muss der Catamaran im Wind stehen, d.h. der Bug ist nach Luv ausgerichtet. Segelsetzen ist in Teamarbeit viel leichter als allein. Oft lässt sich das Großsegel nur dann zügig hochziehen, wenn das Vorliek direkt am Mast in die Nut eingeführt und mit beiden Händen aktiv hochgeschoben wird.
Sorgfältiges Aufschießen des Großfalls muss selbstverständliche Routine sein, damit es auch im Notfall rasch ohne Schlingen und Knoten herausgeholt werden kann. Nachdem das Großsegel sicher in der Arretierung hängt, wird der Vorliekstrecker zwar schon befestigt, jedoch nur lose angezogen. Denn sobald das Vorliek richtig getrimmt wird, entsteht Strömung am Segel. Die Folge ist ein kräftiges Hin- und Herschlagen des Mastes. Das führt schnell zu Materialschäden und Bruch. Endgültig getrimmt wird deshalb unmittelbar vor dem Start; erst dann wird auch die Großschot am Schothorn eingehängt.

9. Die Travellerschot wird von innen nach außen durch die hintereinander geschobenen Blöcke gefädelt und mit einem Achtknoten gesichert.

Fock setzen

Zum Setzen wird die Fockrolle zwischen die Rümpfe gelegt. Vor allem bei viel Wind sollte die Fock jedoch vom Mitsegler gehalten werden, um sie gegen Wegfliegen zu sichern. Bei schmutzigem Untergrund empfiehlt sich dieses Vorgehen ebenfalls. Mit dem Hochziehen rollt man die Fock aus und befestigt dann den Segelhals an der Hahnepot oder, wenn vorhanden, an der Rollfocktrommel.

Jeder Hersteller hat seine eigene Lösung für den Trimm der Vorliekspannung. Beim Hobie Cat wird die Spannung über einen

1. Das Fockfall wird am Segelkopf angeschäkelt oder mit einem Palstek befestigt.

Flaschenzug reguliert, andere Cats haben einen Vorliekstrecker mit Klemme in der Fock angebracht oder eine Arretierung am Segelkopf. Ist das Vorsegel richtig angeschlagen, wird die Fockschot befestigt. In den meisten Fällen bleibt die Schot nach dem Segeln durch die Blöcke geführt, sie muss dann nur noch mit einem Karabiner oder einem Schäkel in das Schothorn eingehängt werden.

Wer eine Rollfockeinrichtung am Cat hat, sollte die Fock direkt einrollen, da das Segel sonst nur unnötig killt oder irgendwo hängen bleibt. Hin- und Herschlagen der Segel ist für das Tuch auf Dauer schädlich.

2. Die Stagreiter werden beim Hochziehen auf das Vorstag gesteckt.

3. Der Segelhals wird am Locheisen der Hahnepot oder an der Rollfocktrommel angeschlagen.

4. Mit Karabiner, Schäkel oder Knoten befestigt man die Fockschot am Segel.

5. Damit die Fock nicht unnötig schlägt, wird sie an Land eingerollt oder wie hier belegt.

Cat slippen

Ein Crewmitglied zieht an der Deichsel. Das zweite balanciert den Cat auf dem Slipwagen aus.

Slippen heißt das Einsetzen oder das Aus-dem-Wasser-Holen des Bootes. Sind die Segel gesetzt, muss der Cat beim Slippen immer mit dem Bug im Wind gehalten werden. Kommt der Wind seitlich oder gar von hinten, kann der Wind voll ins Segel greifen; dabei wirken erhebliche Kräfte. Im Extremfall macht sich der Cat selbstständig oder kippt vom Slipwagen. Deshalb sollte der Cat, wenn irgend möglich, vor dem Segelsetzen dicht an die Wasserlinie gebracht werden. Wenn er dort mit dem Bug zum Wind abgestellt werden kann, steht er gleich in der richtigen Ausgangsposition. Bei ablandigem Wind schiebt man den Cat auf dem Slipwagen mit dem Heck voraus ins Wasser, bis er aufschwimmt. Während das Boot an einem Bug festgehalten wird, zieht ein Crewmitglied den Slipwagen unter dem Cat vor. Ist der Wind auflandig, wird der Cat mit dem Bug zuerst ins Wasser gebracht. Je nach Strandbeschaffenheit

Für betonierte Slipbahnen eignen sich auch kleine Reifen.

kann es bei dieser Situation zweckmäßig sein, den Slipwagen so unter den Cat zu setzen, dass die Deichsel zum Heck zeigt. Selten ist die Windrichtung jedoch so eindeutig, dann ist eine gute Taktik gefragt. Eine klare und eindeutige Absprache der Mannschaft über den eigenen Plan ist nötig, wenn ein kurvenreicher Weg zum Wasser zu bewältigen ist. Die Souveränität eines Seglers zeigt sich schon am Ufer im sicheren Umgang mit seinem Catamaran.

Große Ballonreifen verhindern das Einsinken des Wagens im Sand.

CHECK VOR DEM ABLEGEN:

Lenzstopfen und Lukendeckel zu?
Vorliekstrecker Großsegel durchgesetzt?
Großschottalje eingehakt?
Fockschot und Rollfock klar?
Großschot und Traveller klar?
Pinnenausleger griffbereit?
Ruder klar zum Absenken?
Windrichtung/Ablegerichtung klar?
Ablegemanöver besprochen?
Startrichtung frei ?

Vor dem Ablegen muss zur eigenen Sicherheit ein Kontroll-Check durchgeführt werden.

Nach dem Segeln

Soweit es möglich ist, sollten Segel nur im trockenen Zustand eingerollt werden und in den Segelsack wandern. Die Segel nach einer Tour noch etwas am Mast austrocknen zu lassen, schadet nicht, zumal das durchgelattete Segel nicht im Wind killt. Zum Bergen des Großsegels ist zunächst alles zu lösen, was das leichte Gleiten des Vorlieks in der Mastnut behindern könnte. Dies bedeutet je nach Cattyp: Vorliekstrecker ganz lösen, Großschot am Schothorn aushaken, Großbaum vom Mast nehmen (wenn das Unterliek im Baum eingeführt ist).

Bei der für den Hobie typischen Nippelarretierung ist der Zugwinkel beim Großfall nach vorn. Handelt es sich um eine Hakenarretierung, wie z.B. beim Dart oder Nacra, steht man am besten hinter dem Achterholm. Bei jedem Typ muss zunächst das Segel etwas hochgezogen werden, damit sich die Arretierung lösen kann. Bei Hakenarretierungen ist meistens eine Mastdrehung erforderlich, nachdem das Segel nach oben gezogen wurde. So gleitet der Ring

Pause an Land: Bug im Wind, Vorliekstrecker lösen, Großschot aushängen, Ruderanlage hoch.

Rechts: Großsegel bergen und aufrollen.

Rechts unten: Fallen ordentlich versorgen.

seitlich am Haken vorbei. Ist man allein, setzt man sich aufs Trampolin hinter den Mast und verdreht ihn mit den Füßen. Damit das Großsegel beim Einholen nicht weg-weht, wird es direkt vom Unterliek her aufgerollt. Diese Rolle kann gut unter den Ausreitgurten gegen Wegfliegen gesichert werden.

Wurden die Latten zum Segeln extrem eingebunden, sollten sie jetzt etwas gelockert werden, damit das Tuch entspannen kann. Das Großfall wird so gesichert, dass es im Wind nicht gegen den Mast schlägt und klappert. Dazu wird es an der Hahnepot oder am Trapezhaken angeschäkelt oder stramm um den Mast gewickelt und belegt.

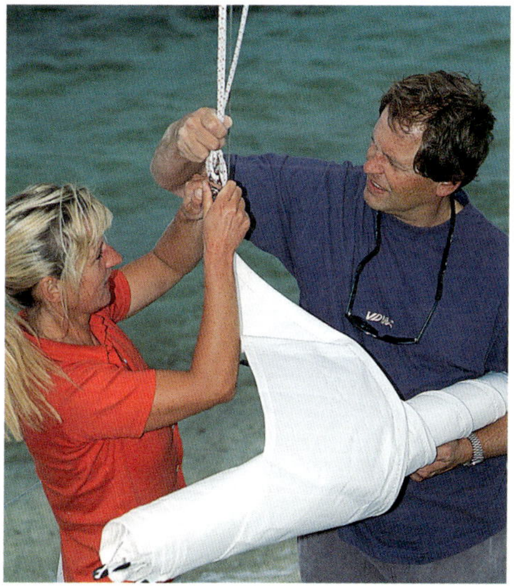

Links: Fock bergen und einrollen.

Fockfall am Segelkopf lösen und anschließend an der Hahnepot unter leichter Spannung belegen.

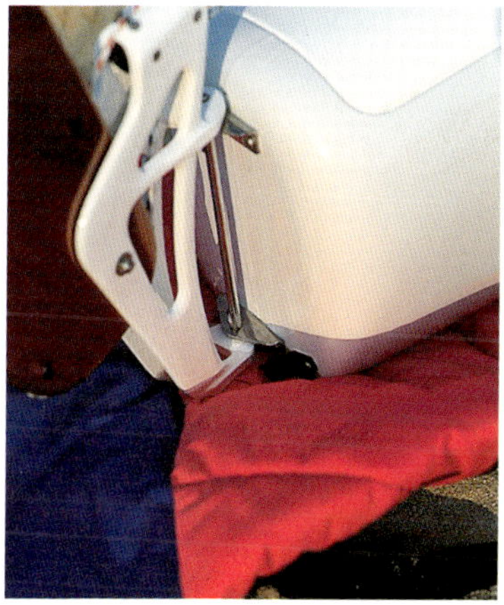

Links: Bei starkem Wind sollten die Segel unter dem Ausreitgurt befestigt werden.

Lenzen: Eine untergelegte Schwimmweste verhindert das Eindringen von Sand.

Basic-Fahrtechnik

In der Sitzposition ist der Oberkörper leicht in Fahrtrichtung gedreht.

Richtig bewegen

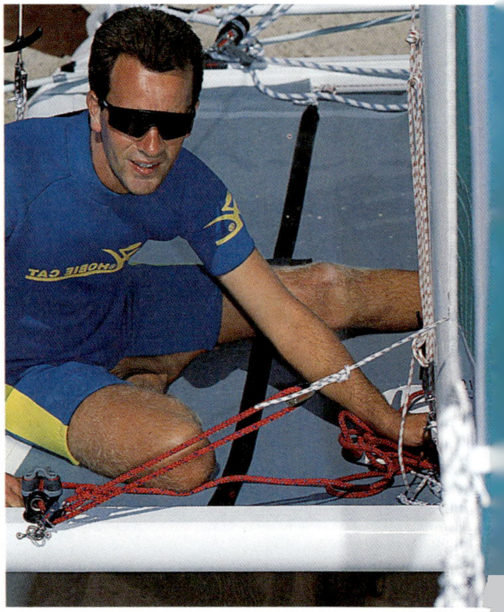

Die richtige Sitzposition ist auf dem Rumpf oder dem Längsholm. Auf dem weichen Trampolin ist es zwar bequem, schnelle Bewegungen sind jedoch kaum möglich. Viele Catsegler segeln häufig kniend und nicht sitzend. So sind sie reaktionsbereiter. Ist die richtige Position eingenommen, sollte die Crew festen Halt suchen. Beispielsweise kann ein Fuß unter den Ausreitgurt geschoben und der andere daran abgestützt werden. Beim Sitzen auf dem Rumpf sollte das Gesäß immer etwas über die Kante hängen, sodass man bei stärkerer Krängung nicht plötzlich übers Trampolin nach Lee rutscht. Nicht zu unterschätzen sind auch die Fliehkräfte bei einem rasanten Ausweichmanöver; Vorschoter sollten sich nach einer Haltemöglichkeit umsehen.

Catsegeln ist allerdings kein Sitzsport. Jedes Manöver erfordert Seitenwechsel, und die Crew muss durch Gewichtstrimm die Lage des Bootes optimieren. Nur: Sich auf dem Trampolin eines Catamarans richtig zu bewegen, erfordert Übung. Aufrecht stehend ist zu unsicher, sodass nur noch Bewegungen auf allen vieren übrigbleiben. Positionsveränderungen erfolgen über Knie und Zehenspitzen, wobei sich die Hände abstützen. Dabei sind zügige, aber keine hektischen Abläufe gefragt. Sonst setzt man sich oft unversehens auf Schoten, die dann nicht mehr bedient werden können. Ein Tip: Wer ohne Knieschutz segelt, sollte das Trampolin unbedingt sorgfältig von Sand reinigen, sonst sind die Knie nach wenigen Stunden aufgescheuert.

Rücken an Rücken: Beim Seitenwechsel schaut der Vorschoter in Fahrtrichtung, die Steuerfrau nach hinten.

Während der Fahrt sitzt die Crew bequem auf dem Rumpf.

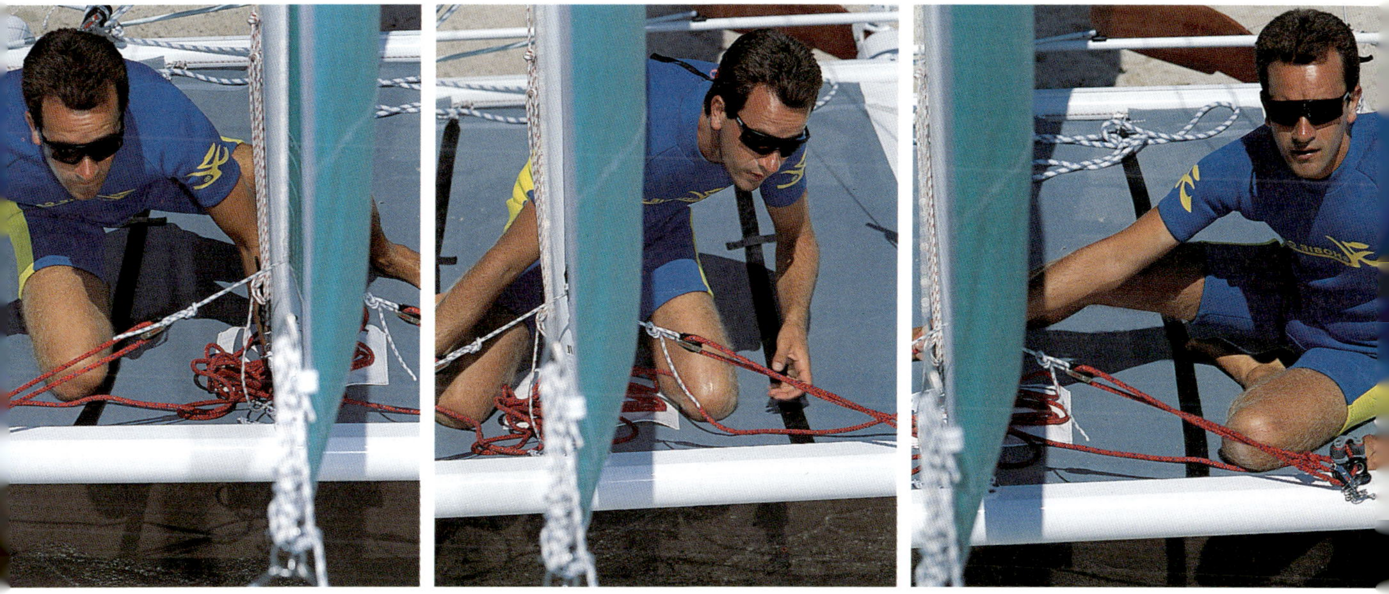

Beim Seitenwechsel rollt die Crew über Knie und Zehenspitzen ab.

Maximaler Speed: Durch die perfekt aufeinander abgestimmte Segelstellung von Groß- und Focksegel erreicht dieses Team hohe Geschwindigkeit.

Segelstellung

Durch Dichtholen und Fieren wird die Segelstellung den unterschiedlichen Kursen zum Wind sowie wechselnden Fahrgeschwindigkeiten angepasst. Dichtholen bezeichnet das Heranziehen des Segels gegen den Winddruck. Fieren ist das Gegenteil, das Segel wird aufgemacht. Eingestellt werden die Segel mit den Schoten (Groß- und Fockschot). Das Großsegel beim Cat wird zusätzlich mit dem Traveller am Achterholm eingestellt. Je nach Position dieses Schlittens lässt sich der Winkel zwischen Segel und Längsachse des Bootes verändern. Durch Fieren der Schoten wird das Profil bauchiger, durch Dichtholen flacher.

Das durchgelattete Großsegel eines Catriggs behält bei gespanntem Vorliekstrecker immer ein Profil, das in Richtung der Segelwölbung Kraft erzeugt. Bei Segeln ohne Latten lässt sich am Flattern (Killen) im Bereich des Vorlieks erkennen, ob sie richtig eingestellt sind. Die Strömung am Lattensegel kann dagegen nur durch Windspione sichtbar gemacht werden. Das sind im Segel aufgeklebte Fäden aus leichtem Material, wie z.B. Wolle oder Segeltuch. Optimale Wirkung hat das Segel, wenn die Strömung laminar anliegt, also nicht verwirbelt. Dann liegen auch die Windspione waagerecht am Segel an.

Training an Land: Dichtholen und Fieren sowie die Travellerbedienung können gut bei Leichtwind an Land trainiert werden.

MERKE

Wenn der leeseitige Faden verwirbelt: Anluven oder Fieren.
Wenn der luvseitige Faden verwirbelt: Abfallen oder Dichtholen.

Die Schoten sind leicht gefiert, der Traveller steht halb außen.

Die Großschot wird hier „Block auf Block" gefahren.

Steuern: Abfallen, Anluven

Abfallen: Ausleger zum Körper ziehen; der Cat dreht weg vom Wind. Gleichzeitig werden Schoten und Traveller aufgefiert und die Segel wieder eingestellt, wenn der Richtungswechsel abgeschlossen ist.

Abfallen ist eine Richtungsänderung nach Lee, Anluven eine Richtungsänderung zum Wind hin, nach Luv. Deutliche Kursänderungen erfordern eine Veränderung der Segelstellung. Luvt man an, werden die Segel dichter genommen, weil der Wind mehr von vorn kommt. Beim Abfallen werden die Segel gefiert. An den Windspionen wird die richtige Einstellung für den neuen Kurs überprüft.

Normalerweise läuft Fieren und Dichtholen der Segel gleichzeitig mit der Richtungsänderung ab. Allerdings gibt es eine Ausnahme: Abfallen mit höherer Geschwindigkeit kann bei Catamaranen zum Unterschneiden führen. Dann taucht der Leerumpf ab, und der Cat kann sich überschlagen. Um dieses Risiko zu vermeiden, sollte bei starkem Wind erst durch Auffieren Druck aus dem Segel genommen und dann abgefallen werden.

Steuerbewegungen müssen sehr gefühlvoll erfolgen. Der Ausschlag der Ruderblätter wird dem Drehradius angepasst. Ruderstellungen bis zum Anschlag sind selten sinnvoll. Wie bei den Segeln Kraft durch eine Luftströmung erzeugt wird, entsteht die Wirkung der Ruderblätter durch eine Wasserströmung. Reißt sie ab, geht auch die Ruderwirkung verloren. Extreme Kurven bei hoher Geschwindigkeit erzeugen Fliehkräfte, bei denen ein nicht darauf vorbereiteter Vorschoter schon mal über Bord geht.

Anluven: Der Ausleger wird weggedrückt, der Cat dreht zum Wind. Segel dichtholen, bis die Windspione optimale Strömung an den Segeln signalisieren.

Ablegen vom Strand

Ideal ist das Ablegen bei Wind parallel zum Ufer. Nachdem die Crew ihren Ablege-Check erledigt hat, wird der Cat vom Strand ins Wasser geslippt oder geschoben. Der Vorschoter muss jetzt unbedingt auf der Luvseite bleiben und den Cat am luvwärtigen Bug festhalten. Nur wenn das Boot hier gehalten wird, kann es sich im Wind ausrichten. Aus einer seitlichen oder heckwärtigen Position ist der Cat selbst bei leichtem Wind kaum zu halten. Steht der Vorschoter in Lee, ist die Gefahr groß, dass der Cat durch Wind und Wellen versetzt wird und den Vorschoter wegdrückt. Auch die Position zwischen den Rümpfen am Bug ist nicht zu empfehlen. Wer jetzt den Grund unter den Füßen verliert, hängt anschließend unter der Hahnepot und kommt kaum auf den Cat. Zuerst steigt der Steuermann auf und trifft die letzten Vorbereitungen für

1. Vorschoterin: Cat am Luvbug im Wind halten, Steuermann: Großschot einhaken.

2. Die Ruderblätter werden aus der Arretierung genommen, bis sie aufschwimmen.

3. Die Vorschoterin zieht den Cat an sich vorbei und drückt ihn dabei nach Lee.

den Start: Großschotblock am Schothorn einhaken, Ruderblätter ausrasten, sodass die Blätter aufschwimmen und Sitzposition in Luv einnehmen. Ist der Kurs frei? Jetzt drückt der Vorschoter den Cat nach Lee und steigt auf. Mit offenen Schoten ins freie Wasser segeln und letzte Trimmeinstellungen vornehmen: Ruderblätter ganz absenken, Vorliekstrecker durchsetzen. Alles klar? Dann die Fock ausrollen und los gehts.

4. Die Vorschoterin steigt auf und nimmt ihre Sitzposition ein.

5. Mit offenen Schoten und langsamer Fahrt ins freie Wasser. Dabei werden die Schoten sortiert und die Ruder abgesenkt.

6. Bei Problemen beidrehen und die Situation klären. Ist alles o.k., Schoten wieder dichtnehmen.

Anlegen am Strand

2. Die Vorschoterin steigt vom ursprünglichen Leebug ab, um den Cat vom Ufer abzuhalten.

3. Während die Vorschoterin das Boot am Bug im Wind hält, holt der Steuermann die Ruder auf.

Weht der Wind parallel zum Ufer, sind die Anlegebedingungen am besten. Bei der Fahrt zum Strand peilt der Steuermann eine Stelle einige Bootslängen in Lee von dem Landepunkt an. In Ufernähe wird die Fock weggerollt und das Großsegel bereits etwas gefiert, um Fahrt wegzunehmen. Für den letzten Teil des Anlegemanövers ist ein Nahezuaufschießer zu empfehlen, da dann noch geringe Steuerkorrekturen möglich sind. Aufschießen ist ein Manöver, bei dem das Boot gegen den Wind gesteuert und abgebremst wird. Mit einer Mischung aus Aufschießer und seitlichem Driften, dem Nahezuaufschießer, manövriert der Steuermann den Cat präzise und mit geringer Fahrt an die Anlegestelle.
Rechtzeitig vor der ersten Grundberührung wird die Ruderarretierung gelöst, damit beide Ruderblätter aufschwimmen können.

Während der Steuermann das Boot im Wind hält, steigt der Vorschoter über den alten Leebug ab und sichert den Cat am Bug. Jetzt springt auch der Steuermann ab, die Crew zieht den Cat gemeinsam auf den Strand und dreht ihn in den Wind.
Auch wenn nur eine kurze Segelpause geplant ist, muss der Cat vollständig aus dem Wasser gezogen werden; die Großschot wird ausgehakt und der Vorlickstrecker entspannt. Werden diese Sicherheitsmaßnahmen versäumt, reichen etwas mehr Wind und Wellen: Dann lässt sich beobachten, wie stabil ein Catamaran auch ohne Crew segeln kann.

4. Großschot aushaken; bei mehr Wind auch den Vorliekstrecker lösen und die Fock einrollen.

5. Gemeinsam den Cat an Land ziehen und in den Wind drehen. Am Strand geht das ohne Slipwagen.

Die Schoten sind leicht dicht, Traveller nach Lee, Ruderblätter abgesenkt, Ausleger griffbereit auf der Luvseite.

Die Crew steht am Achterholm. Gemeinsam wird der Cat ins Wasser geschoben. Der Steuermann gibt das Kommando für den Start.

Starten und Landen bei Wellen

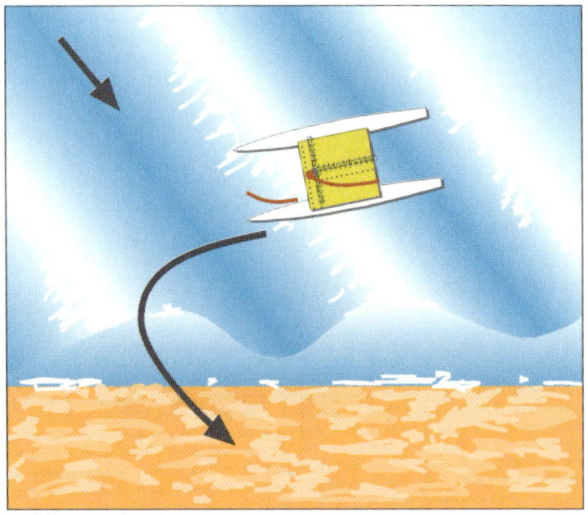

Bei Brandung mit den Wellen an Land segeln, um ein Querschlagen des Cats zu vermeiden.

In Revieren mit Sandstrand und Welle benötigt man eine spezielle Technik für Start und Landung. Der Cat wird am Ufer komplett vorbereitet. Dazu gehören Durchsetzen des Vorlieks, Ausrollen der Fock und Absenken der Ruderblätter. Die Schoten werden halb dichtgenommen, der Traveller ist halb offen; der Pinnenausleger liegt bereit. Sind die Wellen höher, sollte man versuchen, ihren Rhythmus auszuzählen, und nicht gerade in einem hohen Set starten. Je nach Wind- und Wellenbedingungen sind verschiedene Varianten zweckmäßig: Auf jeden Fall muss der Cat rechtwinklig zur Wellenrichtung und mit viel Schwung angeschoben werden. Um das Boot dabei auf Kurs zu halten, ist eine Möglichkeit, dass der Vorschoter auf der Leeseite, der

Der Cat wird rechtwinklig zur Welle ins tiefe Wasser geschoben. Jetzt kommt es auf Timing und viel Schwung an.

Sobald der Cat nicht mehr aufsetzen kann, springt die Crew auf. Fock dicht, Großsegel nur soweit, dass der Cat durch die Wellen fährt.

Steuermann in Luv schiebt. Reicht dann allerdings der Schwung nicht aus, kann der Cat nach Lee versetzen und den Vorschoter gefährden. Eine Alternative ist, dass beide Crewmitglieder zwischen den Rümpfen am Achterholm schieben und dann über die Spurstange auf das Trampolin springen. Dass dies viel Übung voraussetzt, ist offensichtlich.

Der richtige Zeitpunkt für das Aufsteigen ist - unabhängig von der Technik des Anschiebens -, wenn der Catamaran in den Wellentälern nicht mehr auf Grund aufsetzt. Um ungewolltes Anluven zu vermeiden, wird die Fock dichtgeholt, die Großschot nur soweit, dass der Cat fährt. Ein zu dichtes Großsegel erzeugt bei noch nicht arretierten Ruderblättern enormen Ruderdruck. Ist das Wasser tief genug, wird erst das Leeruder, dann das Luvruder eingestellt.

Bei der Rückkehr ans Ufer ist es wichtig, mit den Wellen zu segeln. Jede heranrollende Brandungswelle schiebt den Cat vor sich her. Läuft das Boot nicht sauber mit, neigt es dazu, aus dem Ruder zu laufen und durch die nächste Welle querzuschlagen. Bevor man vom freien Wasser in die Brandungszone segelt, muss meist etwas Höhe herausgesegelt werden. Dann wird Kurs auf den Strand rechtwinklig zur Wellenrichtung genommen. So segelt man bis auf den Strand, wobei im letzten Moment noch etwas angeluvt wird, um den Segeldruck zu reduzieren. Die Schoten auffieren, seitlich absteigen und den Cat in den Wind drehen schließt das Landemanöver ab.

Die Ruderblätter sind aufgeholt, Traveller steht mittig. Die Großschot ist fast dicht und belegt. Die Crew verlagert das Gewicht weit nach vorn auf den Bug und sichert sich am Trapezgriff. Die Fock wird als Treibsegel benutzt.

Treiben auf dem Bug

Treiben auf dem Bug ist die sicherste Möglichkeit, um - auch bei stärkerem Wind - langsam vor dem Wind nach Lee zu gelangen. Durch die große Lateralfläche der Rümpfe segeln Catamarane „wie auf Schienen". Sie können deshalb auch ganz gut rückwärts fahren. Das Mannschaftsgewicht wird dazu so weit nach vorn auf die schlanken Rümpfe verlagert, dass diese tief ins Wasser gedrückt werden; dadurch kommt das Heck frei. Die Ruderblätter und eventuell die Schwerter müssen aufgeholt werden, wenn mit dem Manöver gelandet wird. Das Großsegel ist fast dicht geholt, der Traveller steht mittig. So wirkt das Großsegel dann wie eine Wetterfahne. Der Cat bleibt mit dem Bug im Wind und wird langsam Heck voraus nach Lee getrieben. Eine Rollfock sollte bei starkem Wind weggerollt werden, eine Lattenfock muss ganz offen sein. Bei leichtem Wind wird die Fock als Treibsegel benutzt.

An engen Anlegestellen bei auflandigem Wind hat sich das Landen mittels Treiben auf dem Bug bewährt. Luvwärts vom Zielpunkt wird ein Aufschießer gesegelt, um dann mit Heck voraus nach Lee ans Ufer zu treiben. Mit den Füßen im Wasser kann einseitig gebremst und dadurch die Treibrichtung etwas beeinflusst werden.

Bei stärkerem ablandigen Wind werden die Cats hier mit Heck voraus und Schwung ins Wasser geschoben und rückwärts mit Treiben auf dem Bug ins freie Wasser gesegelt.

Heck voraus bei auflandigem Wind und leichter Welle ans Ufer treiben.

Kurse zum Wind

Amwindkurse

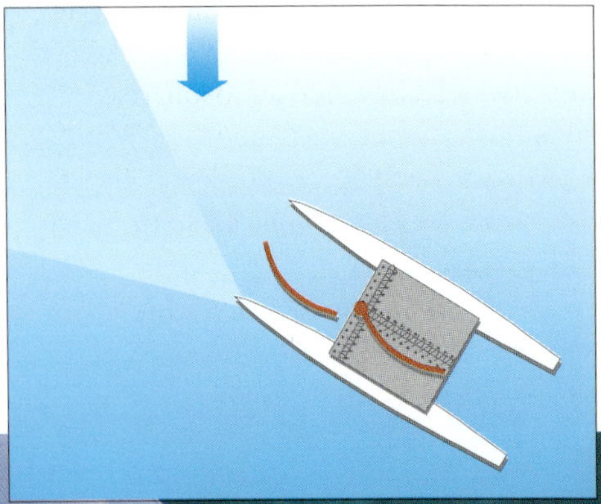

Speed auf Amwindkurs: Crew in Luv, Gewicht vorn, Traveller mittig, Segel dicht.

Auf Amwindkurs segeln bedeutet: Schräg gegen den Wind segeln. Dabei ist ein Winkel von etwa 45 Grad zum atmosphärischen Wind möglich, dann wird „hoch am Wind“ oder „hart am Wind“ gesegelt. Die dadurch direkt nach Luv gewonnene Distanz wird als Höhe bezeichnet.
Der Traveller steht in der Mitte, die Segel sind dichtgeholt. Will die Crew mit optimaler Geschwindigkeit segeln, muss der Cat entsprechend den Windverhältnissen durch Gewichtseinsatz getrimmt werden. Bei Leichtwind wird das Mannschaftsgewicht relativ weit nach vorn und nach Lee verlagert, um die benetzte Fläche am Unterwasserschiff zu reduzieren und den Reibungswiderstand klein zu halten. Dazu beobachtet man die Spur, die der Cat im Wasser zieht. Am Heck dürfen sich keine bremsenden Wirbel bilden; die Heckspiegel, das sind die rückwärtigen Abschlüsse der beiden Rümpfe, sollten aus dem Wasser sein. Frischt der Wind auf, verlagert die Crew ihr Gewicht mehr nach Luv und etwas nach achtern. Legt der Wind weiter zu, muss der Vorschoter ins Trapez, um den Cat aufrecht halten zu können.
Das Risiko, dass der Leerumpf unterschneidet, ist im Gegensatz zu den anderen Kursen bei Amwindkursen gering.
Catamarane erreichen ein Ziel in Luv meistens schneller, wenn nicht extrem hoch am Wind gesegelt wird. Es lohnt sich, einige Grade weniger Höhe zu laufen, aber dafür mit höherer Geschwindigkeit zu segeln.

Vorschoter	In Lee am Vorderholm	Trapez in Höhe der Want
Steuermann	In Luv am Vorderholm	Direkt hinter Want in Luv
Segel	Dicht	Dicht und flach
Traveller	In der Mitte	In der Mitte

Leichtwind: Crew trimmt nach vorn und Lee, Segel dicht, Traveller mittig.

Mittelwind: Crew trimmt nach vorn und Luv, Segel flach und dicht, Traveller mittig.

Halbwindkurs

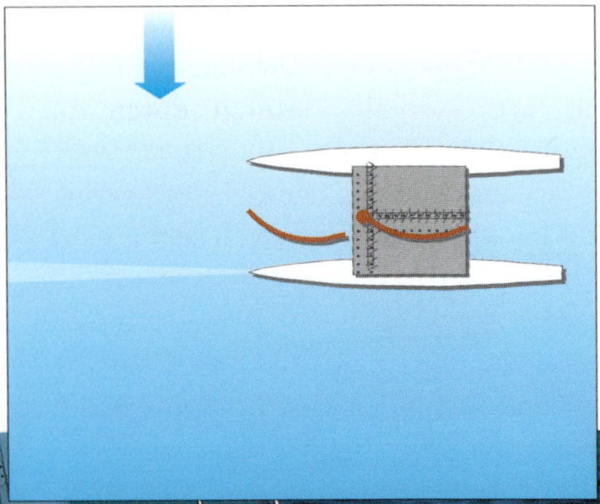

Leichtwind: Gewicht nach vorn und Lee, Schoten nicht ganz dicht, Traveller etwas nach Lee.

Halbwindkurs ist der Kurs, auf dem man weder Höhe nach Luv gewinnt, noch wird nach Lee gesegelt. Bedingt durch die Eigengeschwindigkeit des Catamarans werden die Windfäden an der Hahnepot (Telltales) den Wind zwar eher von schräg vorn kommend anzeigen. Die Kursbezeichnungen beziehen sich aber immer auf den atmosphärischen Wind, also den Wind, den man ohne eigenen Fahrtwind wahrnehmen kann. Das Zusammenwirken von atmosphärischem Wind und Fahrtwind lässt die resultierende Windkomponente, den relativen Wind, von schräg vorn kommen. Der Gewichtstrimm auf Halbwindkurs ist ähnlich wie auf Amwindkurs. Bei Schwachwind trimmt die Crew weit vorn und in Lee, bei Mittel- und Starkwind weit in Luv und achtern.
Grundsätzlich sind die Schoten offener und der Traveller etwas außerhalb der Mitte. Die genaue Segelstellung wird jedoch von den Wollfäden vorgegeben.
Auf diesem schnellen Kurs ist die Gefahr groß, mit dem Leebug zu unterschneiden. Je nach Fahrverhalten und Gutmütigkeit des Cats ist nach einem Stecker - dem Eintauchen des Leerumpfes mit schlagartigem Abbremsen des Bootes - eine Kenterung die logische Folge. Eine Handbreit sollte deshalb das Deck des Leerumpfs über Wasser bleiben. Fängt der Cat an zu „bohren“, gilt: Crew weit nach achtern, kräftig anluven und Großschot auf. Die Schoten werden deshalb bei viel Wind nicht belegt, sondern aus der Hand gefahren, sodass die Crew bei Bedarf sofort fieren kann.

Vorschoter	In Lee am Vorderholm	Im Trapez hinter Want
Steuermann	In Luv am Vorderholm	In Luv am Achterholm
Segel	Etwas offen	Etwas offen
Traveller	Ca. 20-40 cm außen	Ca. 30-40 cm außen

Leichtwind: Crew trimmt nach vorn und Lee, Segel etwas offen, Traveller halb nach Lee.

Starkwind: Crew trimmt nach Luv und achtern, Segel etwas offen, Traveller halb nach Lee.

Raumschots

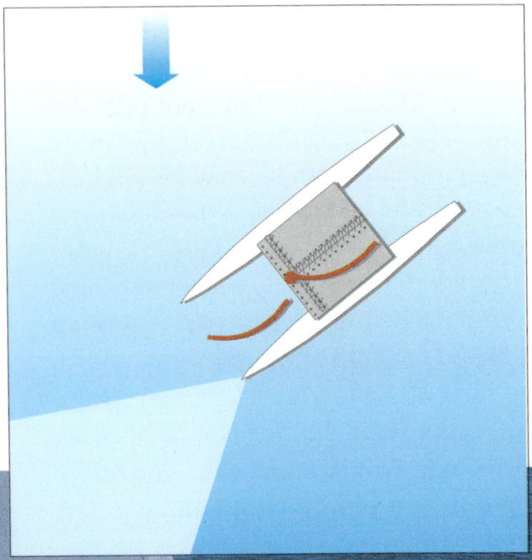

Leichtwind auf Raumwindkurs: Gewicht nach vorn und Lee, Segel offen, Traveller nach Lee.

Raumschots oder auf Raumwindkurs zu segeln, heißt nach Lee zu segeln. Dennoch zeigen die Telltales am Hahnepot oder der Verklicker an, dass der Wind etwa im rechten Winkel oder sogar noch weiter von vorn auftrifft. Generell gilt aber: Je weiter der Kurs nach Lee gerichtet ist, desto mehr dreht der Wind an Bord zurück. Wie weit, ist abhängig davon, ob der raume Kurs dichter zum Halbwindkurs oder zu einem Kurs direkt nach Lee (Vorwindkurs) liegt und von der jeweiligen Fahrgeschwindigkeit.
Die Segel sind also weiter aufgefiert als auf Halbwindkurs - gleiche Geschwindigkeit vorausgesetzt. Die Fock wird idealerweise aus der Hand gefahren, denn eine gut anliegende Strömung am Vorsegel ist jetzt ganz entscheidend.
Den direkten Weg nach Lee zu wählen spart zwar Wegstrecke, aber nicht Zeit. Auf Vorwindkurs wirkt keine Strömung mehr am Segel, sondern nur noch Staudruck; der Cat verliert im Vergleich zum raumen Kurs sehr viel Fahrt. Anders als mit einer Jolle segelt man mit dem Cat schneller durch Kreuzen vor dem Wind zu einem Ziel in Lee. Catsegler bezeichnen den Kurs, der dabei gefahren wird, als tiefen Raumkurs.
Bei starkem Wind und wenn zusätzlich noch entsprechende Wellen abzufahren sind, wird die Mannschaft extrem weit nach hinten trimmen müssen, um Unterschneiden zu vermeiden. Der Vorschoter steht dabei hinter dem Steuermann im Trapez. Der Ausleger sollte dann flach gehalten werden, um den Vorschoter nicht zu behindern.

Vorschoter	In Lee am Vorderholm	In Lee weiter achtern
Steuermann	In Luv am Vorderholm	In Luv weiter achtern
Segel	Offen	Offen
Traveller	Außen	Außen

Leichtwind: Crew trimmt nach vorn und Lee, Segel offen, Traveller steht außen.

Starkwind: Crew trimmt nach achtern, Segel etwas offen, Traveller steht außen.

WINDWARD

Basic-Manöver

Basic-Wende

1. Der Cat segelt bereits hoch am Wind, Fock und Großsegel sind ganz dicht.

2. Freien Raum überprüfen und anluven, dabei gleichmäßig Ruder legen.

3. Beim Anluven die Großschot dichtholen. Warten, bis die Fock back steht.

4. Wenn die Latten im Großsegel umschlagen, Großschot lösen, Ausleger übergeben, Seite wechseln.

5. Großschot fieren, Fock zügig auf die neue Seite holen.

6. Ruder gerade stellen, neue Sitzposition einnehmen.

7. Schoten gefühlvoll dichtnehmen und Segel auf den neuen Kurs am Wind einstellen.

Wenden: Strandtraining

Wenden, das ist ein Manöver des Cats mit dem Bug durch den Wind, vom hohen Amwindkurs auf den neuen hohen Amwindkurs. Dabei bewegen sich beide Catsegler über das Trampolin auf die andere Bootsseite.

Bei leichtem Wind lässt sich diese Technik einfach und sicher an Land trainieren. Die Crew erprobt die Koordination und das Timing. Außerdem können je nach Situation verschiedene Möglichkeiten der Wende sowie zahlreiche Griffvarianten ausprobiert werden.

Auf der Grundform (Basic Wende) bauen alle weiteren Wendevarianten auf. Dabei lassen sich immer drei Phasen unterscheiden: Zunächst wird angeluvt, dann erfolgt der zügige Seitenwechsel der Crew und es wird wieder angefahren.

Manöver wie die Wende erfordern eine klare Absprache. Wer an Bord die Kommandos gibt, sollte nicht diskutiert, sondern zweckmäßig gelöst werden. Nur, wenn der Vorschoter die Pläne des Skippers kennt, kann er ihn wirkungsvoll unterstützen.

Die traditionelle Ansage des Steuermanns: „Klar zur Wende?“, die Antwort des Vorschoters: „Ist klar!“ und das Kommando „Ree!“ zum Ruderlegen für den Seitenwechsel reduzieren eingespielte Crews auf den Zuruf „Wende!“ oder sogar nur „o.k.?“. Der Vorschoter weiß dann schon, was ansteht.

1. Anluven und dichtholen.

4. Ausleger übergeben.

2. Über die Knie
zur Mitte abrollen.

3. Schot los, Griff-
wechsel einleiten.

5. Schot greifen,
Seite wechseln.

6. Neue Fahrposi-
tion einnehmen.

Verhungert beim Wenden

Nicht nur Anfängern kann es passieren, dass sie in der Wende „verhungern". Der Cat dreht bis in den Wind, aber nicht weiter auf die neue Seite. Ursache hierfür ist meist eine falsche Technik beim Anluven: Es wird zu hart und zu schnell Ruder gelegt, dadurch verliert der Cat alle Fahrt und kommt im Wind zum Stehen. Aber auch gegen die Fahrtrichtung stehende Wellen können den Cat im entscheidenden Moment versetzen und zum Stillstand bringen. Ohne Fahrt ist kein Druck auf den Rudern, das Boot lässt sich nicht steuern. Was tun?

Der Cat beginnt nach einem kurzen Augenblick unweigerlich rückwärts zu treiben. Lässt man die Ruder in der bisherigen Position eingeschlagen, dreht der Cat rückwärts fahrend auf den alten Amwindkurs zurück und beginnt wieder vorwärts zu fahren, sobald Strömung am Großsegel anliegt. Der Schwung aus dieser Fahrbewegung reicht jedoch nicht aus, um durch den Wind zu kommen: Der Cat wird erneut im Wind stehen bleiben.

Um in dieser Situation doch noch zu wenden, müssen die Ruderblätter umgelegt werden, sobald der Cat rückwärts treibt. Als Regel bei der Rückwärtsfahrt gilt: Das Heck dreht in die Richtung, in die die Ruderblätter zeigen. Also müssen sie zur alten Leerichtung gelegt werden, damit der Bug in die gewünschte Richtung dreht.

Das klappt aber nur, wenn das Großsegel aktiv gefiert wird und der Drehbewegung nicht entgegenwirkt. Die Fock wird „back" (gegen den Wind) gehalten auf der Seite, zu der die Ruderblätter zeigen und drückt den Bug aus dem Wind. Jetzt folgt der Cat willig dem Ruderausschlag. Sobald der Cat nicht mehr dreht, wird wieder vorwärts gefahren. Die Ruder werden gerade gestellt, die Fock übergeholt und dichtgenommen.

3. Der Cat dreht aus dem Wind.

4. Wenn der Cat nicht mehr dreht, Ruder gerade, Fahrt aufnehmen.

2. Ruder umlegen, Großschot aktiv öffnen, Fock back halten.

1. Verhungert: Der Cat steht im Wind.

Tips und Tricks beim Wenden

Bei der Wende aus der Fahrt ist der benötigte Radius mit einem Cat zwangsläufig groß, weil die Rümpfe tief ins Wasser tauchen und in engen Kurven hohen Wasserwiderstand erzeugen. In schwierigen Situationen im Hafen oder vor dem Regattastart kann es aber notwendig sein, den Cat möglichst auf der Stelle zu drehen. Hier ist die Wende aus dem Stand nützlich. Diese Form der Wende zeigt, dass der Seitenwechsel nicht nur von Amwindkursen und aus der Fahrt möglich ist.
Ausgangsposition ist eine Lage des Bootes nahezu quer zum Wind, die Schoten sind offen, das Boot driftet langsam vor sich hin. Die Ruder werden voll auf Anluven eingeschlagen, anschließend die Großschot dichtgenommen. Mit der Fahrtaufnahme entsteht eine Ruderwirkung, der Cat luvt an. Im Wind wird die Fock backgezogen und die Großschot geöffnet, um die Drehung zu unterstützen.
Hilfreich ist auch eine modifizierte Technik beim Wenden, wenn die Drehbewegung nicht ausreicht, um durch den Wind zu kommen. Dies ist oft bei sehr schwachem Wind oder auch bei gegenstehenden Wellen der Fall. Hier verzögert die Crew den Moment des Seitenwechsels, um so die Drehung des Cats über das Heck zu unterstützen. Bleibt man bei viel Wind und Welle allerdings zu lange hinten, besteht die Gefahr, über das Heck zu kentern.

Die Fock bleibt bei wenig Drehbewegung lange back stehen.

Der Steuermann muss auf den Zuruf der Vorschoterin warten.

Der Steuermann bleibt auf seinem Platz bis der Bug durch den Wind ist, um mit Heckbelastung die Drehbewegung zu unterstützen.

Vorbereitung einer Wende aus dem Stand: Das Segel ist geöffnet, der Cat macht keine Fahrt. Das Ruder ist schon voll auf Anluven eingeschlagen.

Kreuzen nach Luv

Mit mehreren Schlägen am Wind nach Luv zu segeln nennt man kreuzen. Dabei ist der optimale Kurs immer ein Kompromiss zwischen maximaler Höhe zum Wind und Geschwindigkeit. Segelt man zu hoch am Wind, wird der Cat langsam, die Abdrift steigt. Fällt man zu stark ab, wird die Geschwindigkeit hoch, man gewinnt aber keine Höhe. Die Kreuzeigenschaften jedes Cats sind anders, und nur durch viel Segeln entwickelt sich das Gefühl für das Boot.
Die Fock wird dichtgeholt belegt, der Steuermann richtet seinen Kurs voll nach dem Stand der Wollfäden aus. Auf der Luv- und der Leeseite der Fock müssen die Fäden parallel anliegen. Ist der Wind sehr böig, gilt es, die Böen auszusegeln. Zu Beginn der Böe kann immer angeluvt werden, da der relative Wind achterlicher einfällt. Am Ende der Bö muss man dann wieder abfallen. Durch dieses Schlangenliniensegeln wird nicht nur zusätzlich Höhe gewonnen, oft kann man die Segel dabei auch dicht lassen, ohne dass Kentergefahr besteht.

Das Segel im Vordergrund steht optimal, die Fäden liegen parallel an. Die Fock im Hintergrund ist zu dicht, der Leefaden zeigt nach vorn.

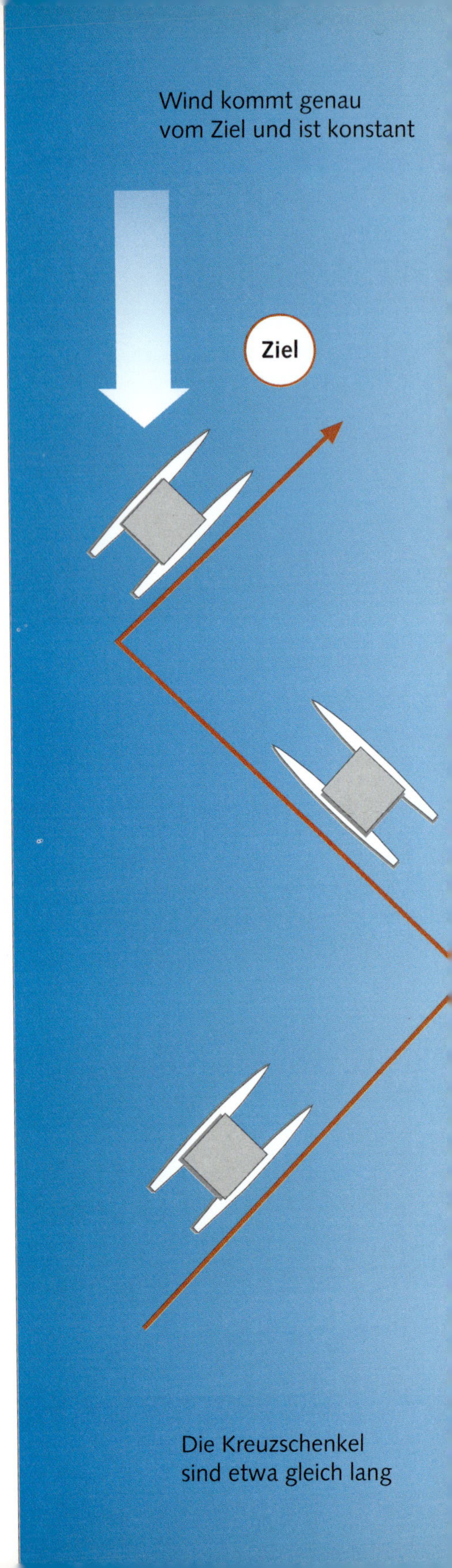

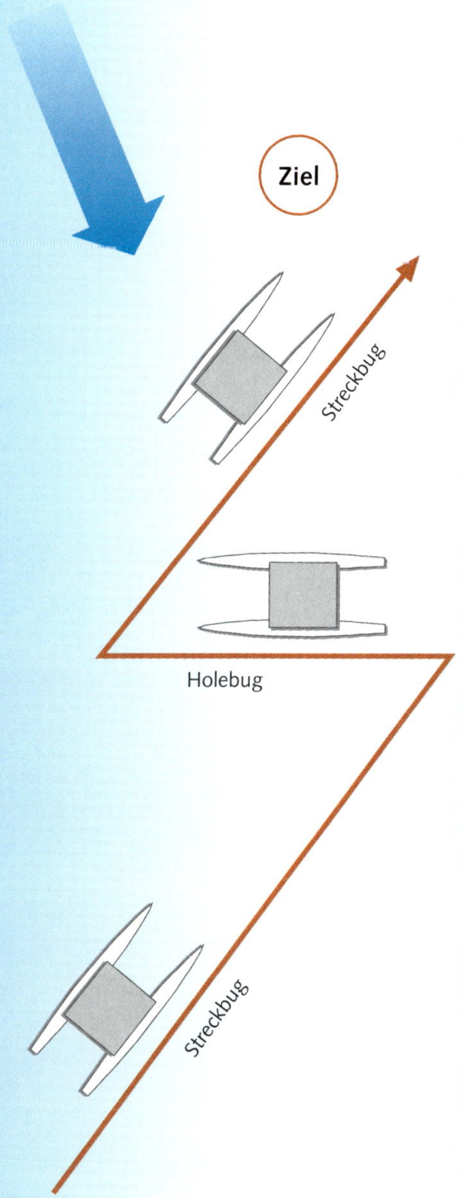
Wind kommt
mehr seitlich
Ziel
Streckbug
Holebug
Streckbug
Die Streckbug ist lang,
der Holebug kurz

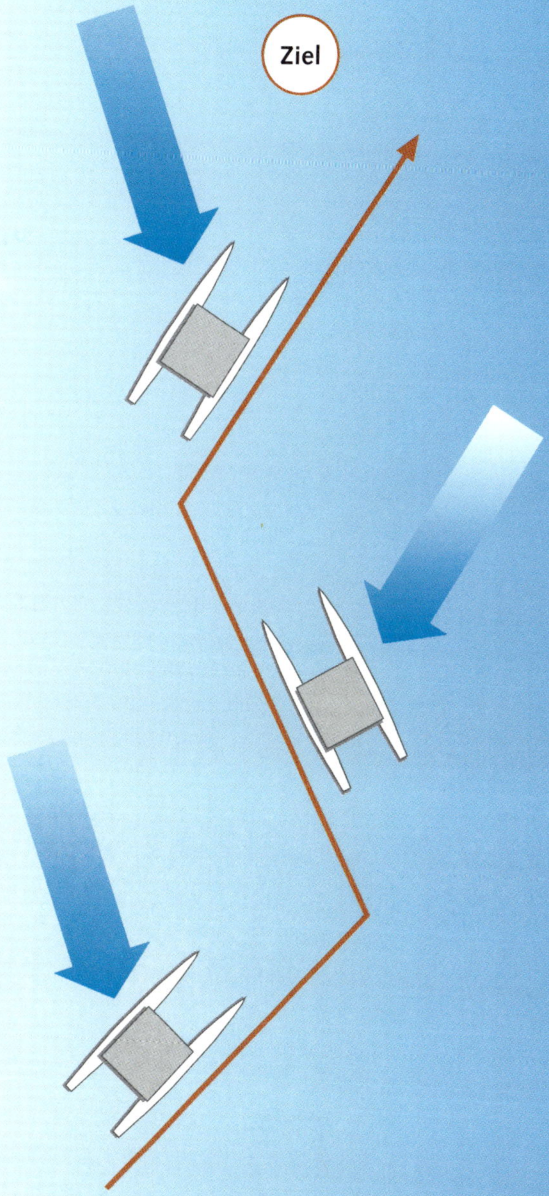
Wind dreht häufig
Ziel
Sobald der Wind
schralt wird gewendet

6. Fock überholen und weitersegeln auf tiefem Raumwindkurs.

5. Abfallen, wenn die Fock einfällt, Großsegel schiften.

4. Die andere Hand von der Spurstange nehmen und das Schotenbündel greifen. Abfallen auf Vorwindkurs.

Basic-Halse

1. Fahrt auf tiefem Raumwindkurs, Vorbereitung zur Halse.

2. Crew mittschiffs. Ausleger ins Wasser. Der Steuermann greift mit der heckwärtigen Hand die Spurstange.

3. Mit der freien Hand um das Schotenbündel an die Spurstange greifen, dabei weiter den Kurs halten.

Halsen: Strandtraining

Bei der Halse dreht das Heck durch den Wind. Eingeleitet wird die Halse auf tiefem Raumwindkurs, beendet ist sie auf dem neuen tiefen Raumwindkurs. Drei Phasen sind zu unterscheiden: Abfallen - Seitenwechsel - Anluven. Da der Steuermann die Halse mit dem Rücken in Fahrtrichtung segelt, sollte der Vorschoter ihm den Zeitpunkt für das Segelschiften ansagen; das ist dann, wenn die Fock einfällt.

1. Fahrstellung auf Raumwindkurs: Traveller außen, Schot etwas offen.

4. Abfallen auf Vorwindkurs, hier ist kaum noch Druck im Segel.

5. Großsegel überholen, dabei Schothorn nach unten ziehen.

2. Über die Knie nach mittschiffs bewegen, Ausleger ins Wasser.

3. Um das Schotenbündel herum an die Spurstange greifen.

6. Ausleger greifen und Seite wechseln, Richtung kontrollieren.

7. Neue Fahrposition einnehmen, Schot greifen und Segel einstellen.

Halsen: Griffvariante

Auch eine Möglichkeit:
Greift der Steuermann direkt an die Großschottalje, muss später die Spurstange kurzzeitig losgelassen werden.

Hier ist die Ruderanlage gut im Griff. Der Ausleger ist an der Spurstange fixiert.

Sobald die Basic-Form eines Manövers beherrscht wird, sollte mit verschiedenen Varianten experimentiert werden. Für alle Manöver gibt es eine Vielzahl von Sitzpositionen und Griffvarianten, die situativ angewendet werden. Bei der hier beschriebenen Grifftechnik wird der Ausleger direkt auf die neue Seite übergeholt und dort abgelegt oder zusammen mit der Spurstange fixiert. Dies erspart dem Steuermann nach dem Segelschiften die Bewegung in die Mitte, um den Ausleger aus dem Wasser zu fischen. Von Vorteil ist dies, wenn der Steuermann schon vor dem Schiften des Segels auf die neue Seite wechselt. Auch auf Halbwindkursen, bei denen der Steuermann weit hinten sitzt, kann er mit dem Ausleger an der Spurstange entspannt steuern.

Beim Wechsel in die Mittelposition Ausleger mitnehmen ...

... und in die freie Hand übergeben.

Der Ausleger wird mit der Spurstange gehalten.

Dann das Schotenbündel oben greifen und mit Zug nach unten das Segel kontrolliert auf die neue Leeseite bringen.

Kreuzen nach Lee

Kreuzen ist eigentlich der Begriff für einen Zickzackkurs nach Luv. Typisch für Catamarane ist jedoch, dass auch nach Lee gekreuzt wird, weil nur so das Geschwindigkeitspotential dieses Bootstyps richtig genutzt wird. Das ist bei dem direkten Kurs nach Lee, auf Vorwind, nicht der Fall. Ähnlich wie auf der Kreuz nach Luv muss nach Lee mit Halsen und tiefen Raumkursen der optimale Weg gefunden werden. Segelt man zu direkt, also zu dicht am Vorwindkurs, wird der Cat zu langsam. Luvt man zu stark an, ist das Boot zwar schnell, gewinnt jedoch keine „Tiefe“. Dieser Begriff entspricht der „Höhe“ beim Segeln nach Luv. Es sind nur wenige Grade, die über den optimalen Kurs beim Kreuzen nach Lee wie nach Luv entscheiden, deshalb spricht man auch vom Segeln an der „Windkante“.

Die Fock wird auf einem raumem Kurs ziemlich offen gefahren. Von dort wird vorsichtig weiter abgefallen, bis die Fock einfällt, dann nur soweit wieder angeluvt, bis sie gerade wieder steht, dann wieder etwas abfallen und so weiter. Die ganze Zeit wird nach dem Stand der Wollfäden in der Fock gesegelt, die parallel anliegen müssen, und nach dem Windspion an der Hahnepot, der querab ausweht.

Bei böigem Wind und in der Welle können die Richtungsänderungen enorm sein: Eine Bö, die schralt (weiter von vorn kommt), ermöglicht ebenso, wie der Schub einer Welle, stärkeres Abfallen; eine Bö, die nach hinten dreht (raumt) oder Auflaufen auf eine Welle zwingen zum Anluven.

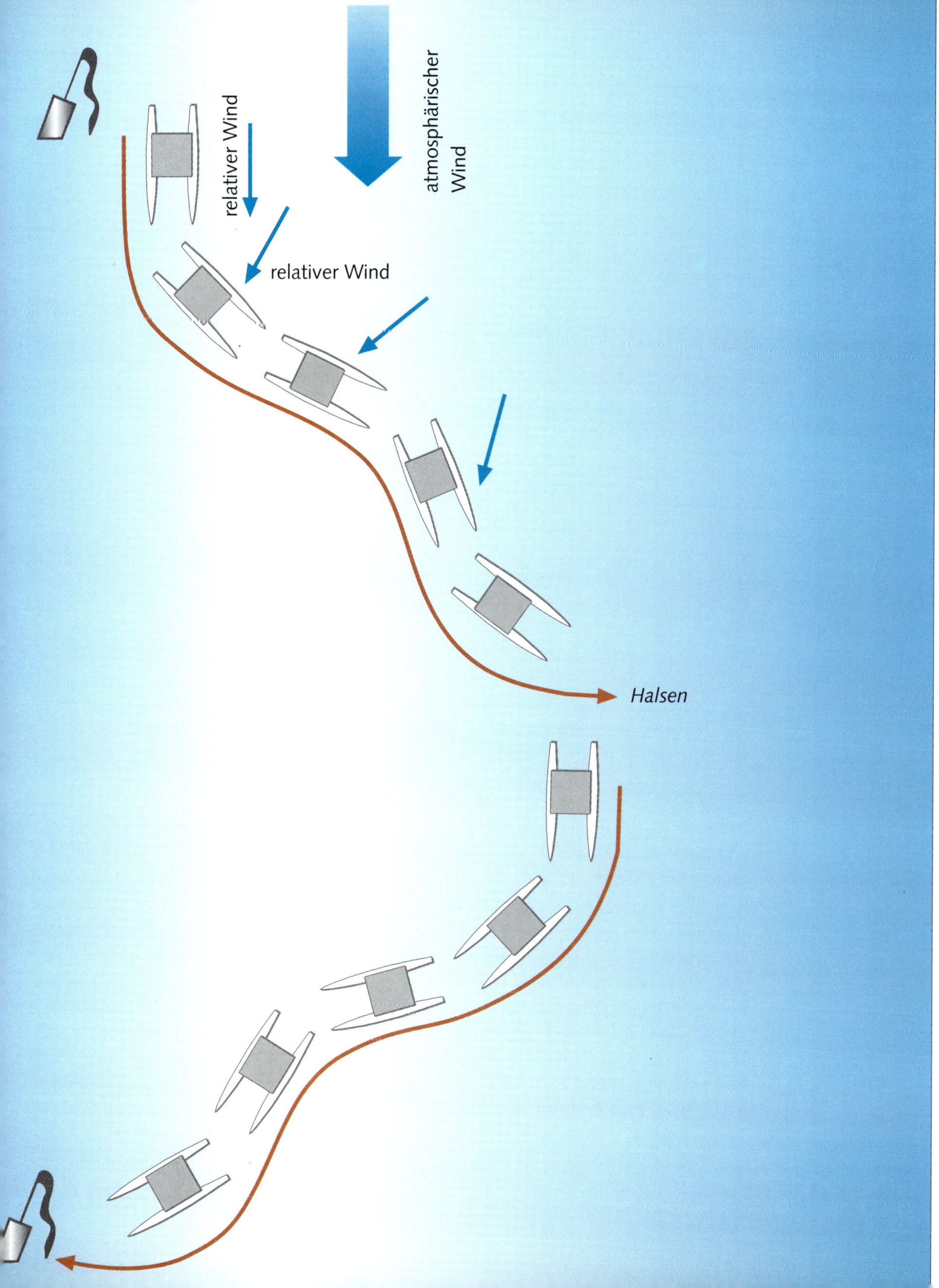
atmosphärischer Wind
relativer Wind
relativer Wind
Halsen

Der Cat treibt beigedreht langsam nach Lee. Die Großschot ist offen, die Fock auf der Luvseite back gesetzt und belegt. Die Ruderblätter zeigen in die gleiche Richtung wie die Fock. Zum Anfahren Fock überholen, abfallen.

Beidrehen und Beiliegen

Beiliegen ist eine Position, wo der Cat ruhig und ohne Fahrt langsam nach Lee treibt. So kann man sich auch auf dem Wasser ausruhen, etwas reparieren oder starke Böen abwettern. Im Gegensatz zum Treiben auf dem Bug kann man beim Beiliegen mehr Einfluß auf die Treibrichtung nehmen. Mit Beidrehen ist das Manöver bis zum Beiliegen gemeint.

Es gibt zwei Möglichkeiten des Beidrehens: Aus der Fahrt heraus ohne Seitenwechsel auf dem gleichen Bug oder aus der Wende heraus. Welche Variante man bevorzugt, hängt immer auch von der aktuellen Situation ab, in der man sich gerade befindet. Soll kein Wechsel der Segelseite erfolgen, sollte man zunächst die Fahrt aus dem Schiff nehmen, bevor die Ruder auf Anluven gelegt werden. Sonst kann der Cat unversehens durch den Wind drehen. Bei Kabbelwasser oder Wellengang kann der Traveller ganz nach Lee gefahren und das Großsegel belegt werden. So wird das Schlagen des Mastes unterbunden, es ist mehr Ruhe auf dem Cat.

1. Beidrehen aus der Wende, das Boot luvt an.

2. Anluven und durch den Wind drehen. Dabei die Fock belegt lassen.

3. Nach dem Seitenwechsel bleibt die Fock back; die Ruder werden eingeschlagen.

Kentern

Kenterungen erfolgen meist wie in Zeitlupe. Dennoch kann man beim Abspringen von den Rümpfen schnell den Kontakt zum Boot verlieren. Das kann gefährlich werden. In gekentertem Zustand kann ein Cat erstaunlich schnell werden und wegtreiben, unter Umständen zu schnell, um hinterherzuschwimmen. Ist ein Crewmitglied zu weit weg, um den Cat zu erreichen, muss das andere Mitglied möglichst rasch den Cat durchkentern. Wenn der Mast nach unten zeigt und das Trampolin flach liegt, treibt der Cat kaum noch.

Falscher Trimm, eine Bö: In voller Fahrt unterschneidet der Leerumpf.

Die Vorschoterin schwimmt, der Steuermann hält sich an der Want.

In Zeitlupe steigt der Cat fast senkrecht. Noch ist der Käpt'n an Bord.

Der Cat bremst schlagartig.

Die Vorschoterin hebt ab zum Flug ...

... rund um den Mast. Der Cat

steigt unaufhaltsam weiter hoch.

Zeit zum Abgang! Nicht in die Segel

springen, sondern langsam herunter.

Jetzt der erste Check: Beide

am Cat? Nichts passiert?

Aufrichten

Um einen durchgekenterten Cat zunächst in die normale seitliche Kenterlage zu bringen, belastet die Crew hier den Bug. Das Heck kommt aus dem Wasser, der Wind greift ins Trampolin und drückt den Cat in die richtige Seitenlage.

Die Crew steht auf dem unteren Rumpf. Die Kenterleine wird über den oberen Rumpf geworfen.

Beide hängen mit gestreckten Armen an der Kenterleine. Jetzt wären Handschuhe nützlich!

Ist die Crew wohlbehalten am Boot, kann das Aufrichten vorbereitet werden. Zuerst werden die Schoten aus den Klemmen genommen und weit aufgefiert. Keinesfalls wird die Schot vom Schothorn abgeschäkelt, sonst ist der Cat nach dem Aufrichten nicht manövrierfähig. Beide Segler stellen sich auf den unteren Rumpf und halten sich an der Trampolinverspannung oder am Unterzug des Vorderholms fest. Die am Mastfuß angebrachte Kenterleine wird über den oberen Rumpf geworfen. Entscheidend für den Erfolg beim Aufrichten ist jetzt die richtige Lage des Cats zum Wind. Je stärker der Wind ist, desto leichter ist das Aufrichten bzw. desto weniger Crewgewicht ist notwendig. Umgekehrt bedarf es am unteren Limit schon präziser Technik, um den Cat wieder flott zu kriegen.

Zeigt der Bug in den Wind, können beim Aufrichten keine Windkräfte auf das Segel wirken. Bei wenig Wind kann allerdings der Wind, wenn er auf das Trampolin drückt, entscheidende Hilfe beim Aufrichten leisten. Die beste Lage des Cats zum Aufrichten ist gegeben, wenn der Wind etwa im Winkel von 45 Grad von vorn zwischen Rigg und Trampolin weht. Dann hilft er noch beim Aufrichten, die Gefahr des erneuten Kenterns zur anderen Seite ist jedoch gering. Dieses Risiko besteht, wenn der Cat mehr oder weniger direkt mit dem Masttopp zum Wind liegt.

Da die Vorbereitungen zum Aufrichten einige Minuten dauern können, treibt der Cat durch den Winddruck auf das Trampolin allerdings stets von selbst in diese ungünstige Position. Um den Cat in die richtige Ausgangsposition zu drehen, wird das Mannschaftsgewicht vor den Vorderholm verlagert, dadurch dreht der Bug nach Luv. Es kann einige Zeit dauern, bis das Wasser aus den Segeln abgelaufen ist und das Rigg frei kommt, wenn die Crew an der Kenterleine hängt. Jetzt bewähren sich Handschuhe und solide Knoten in der Leine!

Durchkentern erhöht den Aufwand für das Aufrichten beträchtlich und sollte deshalb vermieden werden, wenn es nicht in einer Notsituation der eigenen Sicherheit dient. In flachen Gewässern führt es fast immer zu schweren Beschädigungen des Masts. Ursachen für Durchkentern bestehen darin, dass die Crew bei einer Kenterung zu lange auf dem oberen Rumpf bleibt und den Mast damit unter Wasser drückt. Oder der Wind bläst so stark auf die Unterseite des Trampolins, dass der Cat durchkentert. Eine weitere Möglichkeit liegt in der Konstruktion des Bootes selbst. Ist der Mast relativ kurz im Verhältnis zur Bootsbreite, entsteht ein ungünstiger Hebel, der obere Schwimmer drückt stark nach unten.

Kopf schützen! Kurz bevor der Rumpf wieder steht, unter dem Trampolin oder am Unterzug festhalten. So wird man nicht vom Rumpf getroffen.

Kenter-Check

1. Runter vom oberen Rumpf!
2. Sind beide Segler am Cat?
3. Schoten lösen.
4. Aufrichtleine klarmachen.
5. Cat 45 Grad zum Wind drehen.
6. Aufrichten.

1015

Manöver für Aufsteiger

Frau über Bord

Kaum ein Manöver wird so kontrovers diskutiert wie das sogenannte Mann-über-Bord-Manöver. Was in der Theorie so einfach ist, stellt sich in der Realität bei Wind und Welle ganz anders dar.

Die Q-Wende ist das Standardmanöver: Abfallen, nach einigen Bootslängen wenden und, das eigene Kielwasser kreuzend, zurücksegeln (so ergibt sich die Form eines Qs). Eine Variante davon ist, in der Wende die Fock back stehen zu lassen und so direkt das Opfer anzusegeln. Vorteil: Der Steuermann muss in der Wende die Fock nicht bedienen. Außerdem kann er mit back stehender Fock gut die Geschwindigkeit kontrollieren und anschließend beidrehen. Diese Form ist fast so schnell wie die Q-Wende, aber sicherer. Bei beiden Versionen muss auf Raumschotkurs erst angeluvt werden, um die Höhe zu halten.

Segelt man am Wind, gibt es eine Alternative: Unmittelbar nach dem Überbordgehen wird aus der Wende beigedreht. Nun driftet der Cat langsam nach Lee. Vorteil: Man entfernt sich nicht weit, und wenn die zu bergende Person selbst aktiv zum Boot schwimmen kann, ist dies eine schnelle Bergungsmöglichkeit.

Geschwindigkeit und träges Drehverhalten in der Wende setzen viel Fahrkönnen für den Erfolg mit klassischen Manövern voraus. Mit der hier gezeigten Halse kann bis Mittelwind ein Cat einhand oft schneller und sicherer manövriert werden als mit einer Wende. Bei der Variante mit der Halse verliert man jedoch Höhe, und es besteht die Gefahr, nicht mehr weit genug nach Luv zu kommen. Im unteren Windbereich kann die Halse auf dem Teller durchaus sinnvoll sein. Im oberen Windbereich sollte der Kurs auch für die Halse eher dem der Q-Wende ähneln.

Um die über Bord gefallene Person auch bei höheren Wellen wiederzufinden, wird das Rettungsmanöver als Kreis gefahren. Die verschiedenen Varianten von Q-Wende und Halse sollten gut geübt sein - nicht nur mit einer Boje, sondern „live".

Die höchste Geschwindigkeit wird erreicht, wenn der Luvrumpf knapp über dem Wasser ist.

Zuerst steigt die Vorschoterin aus; mit zunehmendem Wind hängt sich der Steuermann erst etwas über den Rumpf und geht schließlich auch ins Trapez.

Trapezsegeln

Trapezsegeln ist auf einem Catamaran wesentlich einfacher als auf einer Jolle, weil ein Cat viel höhere Kippstabilität hat.
Auf vielen Catamaranen gehört das Doppeltrapez zur festen Einrichtung. Je nach Bootstyp und Mannschaftsgewicht kann man schon ab 3 Windstärken gemeinsam draußen stehen. Die maximale Geschwindigkeit wird dann erreicht, wenn der Luvrumpf knapp über dem Wasser schwebt. Stellt man den Cat richtig auf, sieht das zwar spektakulär aus, ist aber nicht sonderlich schnell. Bei böigem Wind muss also auch ein leichter Schlangenlinienkurs gesegelt werden, um den Druck im Segel zu halten und nicht ständig aus- und einsteigen zu müssen.
Auf Halbwindkursen bei mehr Wind ist Hecktrimm gefragt, um das Unterschneiden des Rumpfes zu verhindern. Da der Trapezdraht am Mast befestigt ist, entsteht Zug nach vorn. Dagegen hilft das Hecktrapez, ein Haken an einer Leine, der mit einem Gummi im Achterholm eingezogen ist. Er wird im Trapezhaken eingehängt, sodass der Zug nach vorn abgefangen wird.

Trapez: Strandtraining

Hat die Crew erst mal Vertrauen ... ... ist Trapezsegeln ein Genuss.

Die Länge des Trapezdrahts muss auf die Körpergröße eingestellt sein.

Mit der Hand kräftig abstoßen, beide Füße auf den Rumpf stellen.

Sehr gut kann die Technik an Land trainiert werden. Hat der Vorschoter erst mal Vertrauen in den Trapezdraht und will sich nicht ständig am Griff hochziehen, ist das Ganze sehr entspannend und ein wahrer Genuss. Der Haken wird so eingestellt, dass der Körper leicht über die Rumpfkante nach unten rutschen muss, um den Draht unter Spannung zu halten. So hängt man fast waagerecht, was am wirksamsten ist. Ist der Haken zu hoch, besteht beim Reinkommen die Gefahr, in die Mitte des Trampolins zu pendeln. Eine Halteleine parallel zum Rumpf kann dem Vorschoter bei Wellen helfen, sich zu stabilisieren. Die hintere Hand hält diese Leine, mit der anderen Hand wird die Fockschot geführt.

Der Draht ist unter Spannung, wenn man über die Kante rutscht.

Hintere Hand am Rumpf abstützen, vorderes Bein anwinkeln.

Jetzt erst sicheren Stand suchen. Die belegte Fockschot gibt Halt.

Fast waagerecht, ganz gestreckt, Fußspitzen sind nach vorn gedreht.

Steuermanntrapez

Der Gewichtstrimm ist vor allem Aufgabe des Vorschoters. Bei mehr Wind muss jedoch auch der Steuermann mit aussteigen, um den Cat aufrecht zu segeln.
Die Technik ist grundsätzlich ähnlich wie beim Vorschottrapez. Der Steuermann hat den Pinnenausleger in einer Hand und die Großschot in der anderen. Zum Aussteigen ist es hilfreich, Pinne und Schot kurzzeitig in einer Hand zu führen und die zweite Hand zum Abstoßen vom Rumpf einzusetzen. Um unkontrollierte Richtungsänderungen zu vermeiden, sollte die hintere Hand mit dem Ausleger kurz an der Bordkante fixiert werden. Ist ein Teleskopausleger montiert, kann dieser auf die optimale Länge eingestellt werden. Die Belegklemme am Großschotblock muss unbedingt den richtigen Winkel aufweisen, um auch aus dem Trapez heraus bedient werden zu können. Dabei ist zu beachten, dass sich der Zugwinkel verändert. Die Hängeposition kann für den Steuermann etwas höher sein als für den Vorschoter, um freien Blick nach vorn zu haben.
Fahren beide Crewmitglieder im Trapez, ist Arbeitsteilung zweckmäßig. Der Vorschoter kann zusätzlich den Traveller bedienen, damit der Steuermann die Hände frei hat für den Ausleger und die Großschot.

Um exaktes Steuern zu erleichtern, kann der Steuermann auch bei nachlassendem Wind im Trapez bleiben. Die Vorschoterin pendelt dann nach Bedarf rein oder raus.

Nach außen rutschen, dabei mit der hinteren Hand den Ausleger auf dem Achterholm fixieren.

Erst den vorderen, dann den hinteren Fuß auf den Rumpf stellen. Die hintere Hand bleibt noch am Achterholm.

Beine durchstrecken und dabei den Ausleger und die Großschot durch die Hände gleiten lassen.

Die Spi-Schot läuft außen um das Boot herum.

Gennakersystem

Gennakersegeln ist ein Highlight beim Catsegeln. Der Begriff ist eine Wortschöpfung aus den Worten Spinnaker (das ist ein großes symmetrisch geschnittenes Ballonsegel) und Genua (ein sehr großes Vorsegel). Oft wird der Einfachheit halber nur vom „Spi“ gesprochen.

Für den Einsatz des Gennakers müssen etliche Teile zusätzlich angebracht werden. Wenn die Beschläge am Mast und Vorderholm nicht vom Werk schon montiert wurden, müssen sie nachgerüstet werden. Dazu bieten die Hersteller komplette „Spi-Kits“ an, die alles Notwendige enthalten. Im oberen Drittel des Mastes wird ein Bügel angenietet, auf dem eine Umlenkrolle läuft. Wird der Block direkt am Mast befestigt, besteht die Gefahr, dass der seitlich gerichtete Zug des Gennakers den Mast nach Luv umschlagen lässt und dadurch der Mast bricht.

Der Baum wird an einem Beschlag am Haupthholm befestigt und an der Hahnepot fixiert. Im Gegensatz zu einer Jolle bleibt

Links: Direkt unter der Hahnepot wird der Spi-Baum befestigt.

Rechts: Spi-Fall, Vorholer und Schoten werden an Land angeknotet.

der Baum auf einem Cat auch dann fest angeschlagen, wenn nicht mit dem Gennaker gesegelt wird. Eine Belegklemme für das Fall am Hauptholm, eine Tasche für den Spi auf dem Trampolin und die Umlenkrollen für die Schot komplettieren das System. Mit einer raffinierten Leinenführung wird der Spi an nur einem Fall nach oben und gleichzeitig nach vorn gezogen.
Vereinzelt wird auch mit Spi-Tüten am Baum, ähnlich wie auf Jollen, experimentiert. Da diese bis unter das Trampolin reichen, schleifen sie bei Wellengang und bremsen.

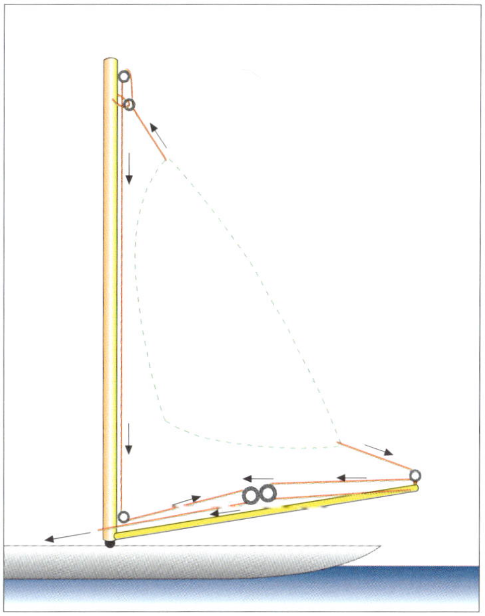

Der Spi-Baum ist fest montiert. Der Spi wird über ein Rollensystem nach oben und nach vorn gezogen. Die abgebildeten Teile veranschaulichen die Zugrichtung beim Segelsetzen.

2. Der Cat segelt auf Vorwindkurs, die Spi-Tasche wird geöffnet.

1. Zum Setzen des Spi muss auf Vorwindkurs abgefallen werden. So kann er im Windschatten des Großsegels nirgends hängen bleiben.

Um sicher zu sein, dass die Schoten und Fallen richtig angeschlagen sind, empfiehlt es sich, den Spi immer an Land probeweise zu setzen und dann sorgfältig zu verstauen. Es ist äußerst ärgerlich, wenn das Setzen auf dem Wasser in einem großen Wuling endet. Normalerweise haben Gennaker in etwa die gleiche Fläche wie Großsegel und Fock zusammen, sind aber aus sehr dünnem Tuch. Entsprechend leicht fliegen sie auch. Zum Setzen und Bergen sollte man deshalb auf Vorwindkurs abfallen und den Windschatten des Großsegels ausnützen. So wird auch die Gefahr minimiert, dass der Spi irgendwo im Rigg hängen bleibt und reißt. Ist der Spi oben und das Fall gut versorgt, übernimmt der Vorschoter die Schot und der Steuermann kann anluven.

5. Aufgrund der hohen Geschwindigkeiten bei Catamaranen sollte der Spi im Windschatten des Großsegels hochgezogen werden.

Gennaker setzen

3. Der Spi wird aus der Tasche geholt und zum Setzen vorbereitet.

4. Während der Vorschoter den Spi auf der Leeseite des Großsegels hochzieht, hält der Steuermann schon die Spi-Schot in der Hand.

6. Das Spi-Fall wird aufgeschossen und in der Tasche versorgt.

7. Der Steuermann übergibt die Spi-Schot an den Vorschoter und luvt an.

Gennaker fahren und halsen

Gennaker reagieren sehr sensibel auf falsche Schotführung und werden deshalb grundsätzlich aus der Hand gefahren. Der optimale Zug wird erreicht, wenn der Gennaker so offen wie möglich gefahren wird. Zu erkennen ist dies daran, dass das Vorliek leicht killt und kurz vorm Einfallen ist. Mit der Spi-Schot muss man deshalb ständig spielen, sie dichtnehmen und fieren. Fällt der Spi tatsächlich ein, muss er etwas dichter genommen werden oder der Steuermann muss abfallen. Beim Einfall starker Böen

Oben: Abfallen in Böen! Der seitlich gerichtete Zug des Spi würde durch Anluven so verstärkt, dass der Cat kentert. Beim Abfallen wird der zusätzliche Winddruck für den Vortrieb genutzt.

Rechts: Dieser Cat segelt mit optimal eingestellten Schoten.

wird sofort abgefallen, da der Cat sonst zu stark krängt und kentert. Die Fock wird eingerollt oder in einer festen Position so belegt, dass sie in der Düse zwischen Spi und Großsegel nicht stört.
Um das Vergnügen zu verlängern, wird oft ein Kurs gewählt, der höher als Raumwind ist, und mit dem man mit vielen Schlägen nur langsam nach Lee kommt. Dazwischen liegen Halsen, die einfach zu segeln sind: Der Baum muss nicht bedient werden, lediglich der Spi ist zu schiften.
Segelt man beim Abfallen in den Vorwindbereich, fällt der Spi ein. Während das Großsegel geschiftet wird, zieht der Vorschoter den Gennaker aktiv nach Lee und holt anschließend die Fock über. Sollte sich die Schot im Vorstagsbereich verhaken, muss man nochmal kurz abfallen, um den Spi frei zu bekommen.

3. Während der Steuermann anluvt, bewegt sich der Vorschoter nach vorn außen und zieht den Spi auf die neue Seite.

1. Halsen: Vor dem Schiften nimmt der Vorschoter die zukünftige Leeschot in die Hand.

2. Segel schiften: Sobald der Spi im Vorwindbereich einfällt, zieht ihn der Vorschoter auf die neue Seite.

Gennaker bergen

Vor dem Bergen muss der Vorschoter das Fall so vorbereiten, dass sich beim Einholen keine Knoten bilden. Der Steuermann übernimmt das Fall und fällt auf Vorwindkurs ab. Im Windschatten des Großsegels fällt der Gennaker zusammen und hat keinen Druck mehr. Bleibt man beim Bergen auf einem relativ hohen Kurs zum Wind, besteht die Gefahr, dass der Spi nach achtern ausweht und sich in den Segellatten des Großsegels verhakt. Bemerkt man dies dann nicht rechtzeitig und zieht weiter, ist ein Riss unvermeidlich. Hat der Vorschoter mit Hilfe der Schot das Unterliek des Spi gegriffen, gibt der Steuermann das Fall nach und nach so lose, dass möglichst kein Wasserkontakt entsteht. Spätestens jetzt wird klar, warum man beim Segeln Handschuhe benötigt. Der Spi kommt wieder in die Tasche auf dem Trampolin; die Schoten werden stramm gezogen und ebenfalls verstaut, damit sie beim Weitersegeln nicht durchs Wasser schleifen. Um wildes Pendeln des Falls zu vermeiden, ist es zweckmäßig, am Locheisen der Leewant einen Karabiner zu montieren. Dort wird das von oben kommende Fall eingehängt und dann zur Tasche umgelenkt. So läuft das Fall, wenn der Spi nicht gezogen ist, immer parallel zur Want. Dieses System funktioniert dann gut, wenn man es sich zur Angewohnheit macht, den Gennaker immer nur von einer Seite zu ziehen, was auch der Geschwindigkeit des Manövers zugute kommt.

1. Die Vorschoterin übergibt die Spi-Schot an den Steuermann und holt das Spi-Fall aus der Tasche.

2. Die Vorschoterin greift den Spi am Unterliek oder an der Schot.

3. Der Steuermann gibt das Spi-Fall kontrolliert lose, so wie die Vorschoterin den Spi reinziehen kann.

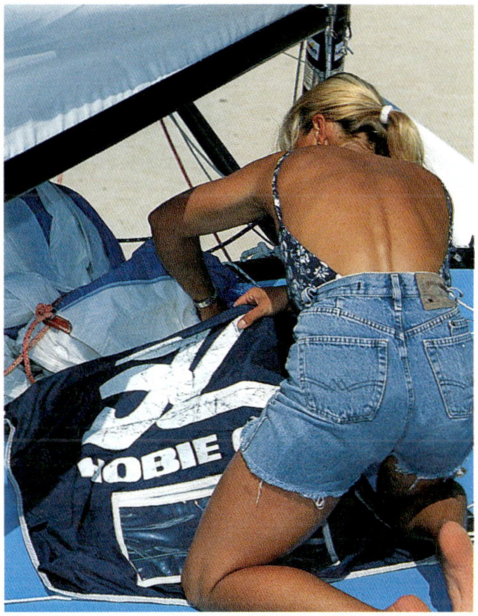

4. Beim Einholen ist darauf zu achten, dass das Segel nicht durch's Wasser gezogen wird.

5. Den Spi und die überschüssigen Schoten komplett in der Spi-Tasche versorgen.

99131

Segeltheorie / Trimmpraxis

Das Segelprofil

Dieses Segel hat noch kein Profil. Der Vorliekstrecker ist nicht durchgesetzt.

Der von schräg vorn auftreffende Wind umströmt das Segel auf beiden Seiten. Auf der Leeseite beschleunigt das gewölbte Segel die Luftströmung stärker als auf der Luvseite. Die unterschiedliche Geschwindigkeit der Strömung führt zu einem Druckgefälle von der Luvseite des Segels zur Leeseite. Segel werden also vom Wind nicht von Luv geschoben, sondern nach Lee gesogen. Eine Ausnahme bildet nur der Vorwindkurs; hier entsteht keine Strömung mehr am Segel, sondern nur Staudruck.

Segelumriss und Segelprofil sind die wesentlichen Einflussfaktoren für die Wirksamkeit der Strömung. Wegen der hohen Stabiltät eines Doppelrumpfbootes können Catriggs sehr hoch sein und so weit über der Wasseroberfläche unverwirbelte Strömung nutzen. Sie sind schmal (d.h. sie haben einen kurzen Abstand zwischen Mast und Achterliek), damit die Strömung möglichst auf der gesamten Profiltiefe wirbelfrei (laminar) anliegt. Um die laminare Strömung zu optimieren, sind Catmasten drehbar gelagert und oval. So bildet die Anströmkante am Mast einen harmonischen Übergang zur Profilwölbung im Segeltuch. Das Segelprofil bezeichnet den Verlauf der Wölbung des Segels. Entscheidend sind die Tiefe des Profils und die Lage des tiefsten Punktes. Ein tieferes Segelprofil erzeugt größere Druckunterschiede als ein flaches Profil. Mit anderen Worten: Die Gesamtkraft eines bauchigen Profils ist - bezogen auf die Segelfläche - größer als die eines flach getrimmten Segels. Die Profiltiefe hat aber zugleich auch Einfluss auf die Richtung der Segelkraft, die durch den Druckunterschied entsteht. Denn die Gesamtkraft eines Segels setzt sich aus einer Summe von Kraftwirkungen in verschiedene Richtungen zusammen. Je bauchiger das Profil ist, desto mehr wirkt die Segelkraft nicht in Fahrtrichtung, sondern quer dazu. Ein flach getrimmtes Segel hat deshalb grundsätzlich einen höheren Wirkungsgrad als ein bauchiges Segel.

Bei unverändertem Profil ist ausschließlich die Segelstellung für die Richtung der Segelkraft entscheidend. Hier gilt: Je dichter das Segel gefahren wird, desto größer ist der Anteil unerwünschter Querkraft; das Boot wird langsam, die Abdrift nimmt zu.

Für die Segelpraxis folgt daraus:

1. Das Segel muss möglichst offen gefahren werden, um den größtmöglichen Anteil an Vortrieb aus der Segelkraft zu nutzen.
2. Auf Kursen, auf denen das Segel offen gefahren wird (der Traveller ist also mehr oder weniger weit nach Lee gestellt), kann das Segel bauchiger getrimmt werden, um so die größere Gesamtkraft zu nutzen. Auf Amwindkursen, wo der Traveller mittig steht, muss das Segel dagegen möglichst flach getrimmt sein, um den größtmöglichen Anteil an Vortriebskraft bei dieser Segelstellung zu erreichen.

Abhängig ist der Trimm aber auch von der Windstärke. Ein flaches Segel lässt sich bei viel Wind besser beherrschen, weil die Gesamtkraft reduziert wird. Ein bauchiges Profil entwickelt bei schwachem Wind mehr Wirkung, weil die Strömung besser anliegt. Das Segelprofil muss also je nach Bedingungen anders eingestellt werden.

Sobald der Vorliekstrecker durchgesetzt wird, bildet sich das Segelprofil aus.

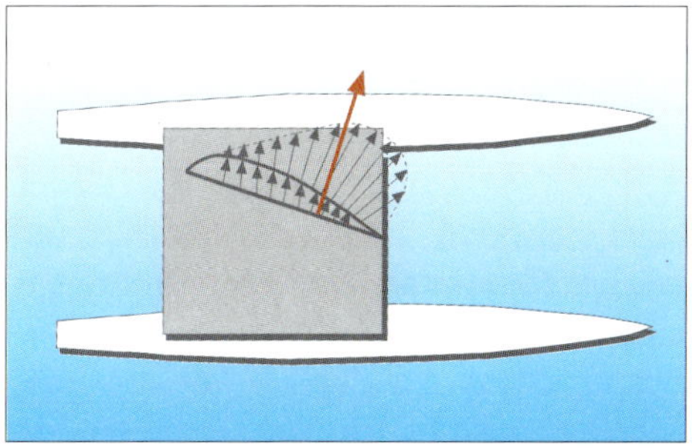

Mit der Segelstellung verändert sich die Wirkungsrichtung der Segelkraft. Je offener das Segel ist, desto mehr richtet sich die Gesamtkraft nach vorn.

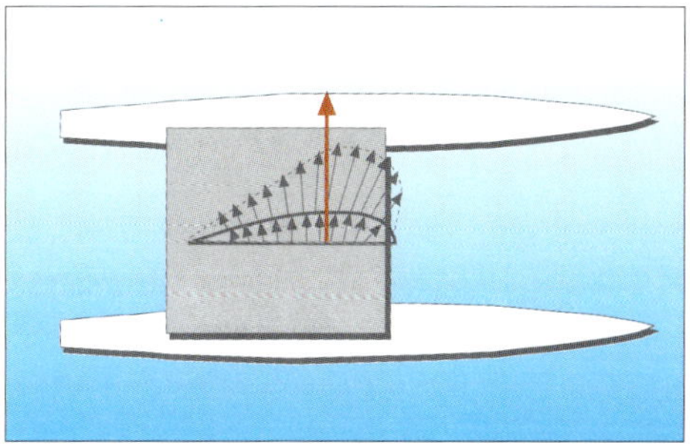

Bei einem dicht gefahrenen Segel ist die Gesamtkraft stärker nach Lee gerichtet. Die Abdrift nimmt zu, das Boot wird langsamer.

Den Luvrumpf knapp über dem Wasser zu halten, reduziert die Reibung deutlich. Man erreicht dies mit Schotenführung und Gewichtstrimm.

Abdrift und Krängung

Als Abdrift bezeichnet man die Abweichung nach Lee zwischen gewolltem und tatsächlich erreichtem Kurs. Abdrift entsteht dadurch, dass die Gesamtkraft des Segels immer einen hohen Anteil hat, der nach Lee gerichtet ist. Abhängig von der Segelstellung und der Bauform des Cats ist sie unterschiedlich stark. Je dichter die Segel genommen werden, vor allem also, je höher man am Wind segelt, desto stärker wird die Abdrift.

Der Segelkraft wirkt der Wasserwiderstand aller Teile des Rumpfes entgegen. Je größer die benetzte Fläche (alle unter Wasser liegenden Teile des Cats) ist, desto größer ist auf jeden Fall der daran entstehende Wasserwiderstand. Um die Segelkraft optimal zu nutzen, müssen Catrümpfe deshalb höchst widersprüchliche Anforderungen erfüllen. In Fahrtrichtung soll der Wasserwiderstand gering sein, damit die Vortriebskraft optimal für Geschwindigkeit genutzt wird. Quer zur Fahrtrichtung muss dagegen hoher Widerstand erzeugt werden, damit die Abdrift gering ist. Aus diesen beiden Anforderungen ergibt sich die sehr schmale und hohe Bauform typischer Catrümpfe. Mit Hilfe von Schwertern oder speziellen Rumpfformen mit Kielhacken wird die seitlich wirkende Fläche (Lateralfläche) durch Bauteile vergrößert, die in Fahrtrichtung kaum Widerstand bieten, weil sie sehr schmal und strömungsgünstig sind, aber die Lateralfläche erheblich vergrößern. Eine Besonderheit sind asymmetrische Rümpfe (außen gerade, innen gewölbt) wie beim Hobie 16, die durch Unter- und Überdruck in der Strömung an den Rümpfen der

Abdrift entgegengesetzte Kräfte erzeugen. Optimal funktioniert dies jedoch erst, wenn der Luvschwimmer aus dem Wasser kommt.
Je effektiver die Lateralfläche der Abdrift entgegenwirkt, desto stärker beginnt der Cat zu krängen. Ist der Wind stark genug, hebt sich der Luvschwimmer aus dem Wasser. Er bietet keinen Reibungswiderstand mehr und der Cat beschleunigt entsprechend. In diesem Schwebezustand zeigt sich das Geschwindigkeitspotential eines Cats.
Steigt der Cat extrem, verringert sich durch die Schräglage die Lateralfläche und verliert an Wirkung. Gleiches gilt für die Segelfläche. Die Geschwindigkeit sinkt, die Abdrift steigt. Tritt dieser Effekt bei böigem Wind oft auf, muss flach getrimmt werden.

Von einer Bö überrascht: Der Cat steigt. Wirksame Segel- und Lateralfläche sind stark verkleinert. Die Geschwindigkeit sinkt, die Abdrift steigt.

Um das Boot aufrecht zu segeln, geht der Vorschoter ins Trapez.

Bei mehr Wind muss auch der Steuermann sein Gewicht einsetzen.

Luv- und Leegierigkeit

Mit Luv- und entsprechend Leegierigkeit bezeichnet man eine Tendenz des Cats, eigenständig anzuluven oder abzufallen, wenn nicht mit der Ruderanlage gegengesteuert wird. Weil die Ruderblätter durch dieses Gegensteuern etwas seitlich angeströmt werden, bremsen sie. Eine geringe Luvgierigkeit ist zwar ganz normal und noch kein Anlass für weitere Aktivitäten. Wird das ständige Ziehen an der Pinne aber lästig und will man optimale Geschwindigkeiten segeln, muss das Boot besser getrimmt werden. Wie kommt es zu Luv- oder Leegierigkeit?

Durch Richtung Bug oder Heck unterschiedlich tief eingetauchte Rümpfe und durch unterschiedlichen Einsatz der Schwerter verändern sich Betrag und Richtung der Wasserwiderstandskraft. Entsprechend veränderlich nach Betrag und Richtung ist die Gesamtkraft von Fock und Großsegel. Liegen die Wirkungslinien von Wasserwiderstand und Segelkraft übereinander, fährt der Cat geradeaus. Andernfalls entstehen Drehmomente, die den Cat auch ohne Rudereinschlag nach Luv oder Lee steuern lassen. Ist die Wirkung der Segelkraft Richtung Heck verschoben, luvt der Cat an.

Oft ist für eine neutrale Fahreigenschaft kein Eingriff in den Grundtrimm des Bootes erforderlich. Er kann durch unterschiedlich starke Neigung des Mastes nach hinten, den Mastfall, verändert werden. Bei einem stark luvgierigen Cat müsste der Mastfall etwas verringert werden. Vor einer derartigen Aktion sollten aber andere mögliche Ursachen überprüft und ausgeschlossen werden. Die Ruderanlage ist eventuell schlecht eingestellt, also muss die Parallelität und auch der Winkel der Blätter zu den Rümpfen überprüft werden. Ein zu bauchig getrimmtes Großsegel erzeugt hohe Querkräfte, die den Cat in den Wind drücken können. Auch eine immer zu offen gefahrene Fock kann zu Luvgierigkeit führen. Das kann nicht nur an offenen Schoten liegen, sondern an einer unzweckmäßigen Einstellung des sogenannten Fockholepunkts. Schließlich ist auch die Gewichtsverlagerung der Crew wichtig. Sitzt die Crew weit vorn, wird der Cat luvgierig, rückt man weiter zum Heck, fällt der Cat ab. Diese Einflüsse auf den Trimm des Cats lassen sich auf freiem Wasser sehr gut erkunden. Mit hochgeholten Ruderblättern und nur mit Gewichtstrimm und Schotenführung wird geübt, den Cat zu steuern.

Stimmt das Zusammenspiel von Gewichtstrimm und Schoten, lässt sich der Cat auch bei mehr Wind ohne Ruder steuern.

Eine Übungsform, bei der man viel Gefühl für das Boot bekommt: Beide Ruderblätter sind hochgeholt, gesteuert wird nur durch abwechselndes Dichtholen und Fieren der Schoten und Gewichtsverlagerung. Trimmt die Crew mit offener Großschot nach achtern, wird der Cat abfallen.

Hier trimmt die Crew mit ihrem Gewicht weit nach vorn und hat die Großschot dichter genommen: Der Cat luvt wieder an. So kann man sogar kreuzen.

Der relative Wind

Windspione an der Hahnepot zeigen den relativen Wind an.

WIE DER WIND WEHT

Der relative Wind ändert Richtung und Geschwindigkeit,
- wenn sich die Richtung des atmosphärischen Windes ändert,
- wenn die Fahrtrichtung verändert wird,
- wenn sich die Geschwindigkeit des atmosphärischen Windes ändert,
- wenn sich die Fahrgeschwindigkeit ändert.

Der Wind, den man am Ufer stehend spürt oder an Fahnen oder Bäumen sieht, ist der atmosphärische Wind. Nach seiner Richtung bezeichnet man die Kurse zum Wind, und nach ihm richtet man sein Boot am Land aus. Sobald ein Schiff anfängt zu fahren, entsteht Fahrtwind, der immer der Fahrtrichtung entgegengesetzt ist, also von vorn kommt. Seine Geschwindigkeit entspricht der Fahrgeschwindigkeit. Segelt man mit dem atmosphärischen Wind von der Seite (Halbwindkurs), wird der von vorn kommende Fahrtwind diesen so ablenken, dass er schräg von vorn kommt. Diesen Wind an Bord nennen die Segler traditionell scheinbaren Wind im Gegensatz zum „wahren" (atmosphärischen) Wind, da es ihn eigentlich gar nicht gibt. Andererseits ist es der Wind, mit dem man tatsächlich segelt. Weil er in Beziehung zu zwei anderen Winden steht, wird er richtiger als relativer Wind bezeichnet.

Die Geschwindigkeit des relativen Windes ist auf Amwindkurs bis hin zum Raumwindkurs größer als die des atmosphärischen Windes, da sich die Beträge von atmosphärischem Wind und Fahrtwind addieren. Die Ablenkung des atmosphärischen Windes durch den Fahrtwind führt dazu, dass der relative Wind mehr von vorn einfällt. Jede Veränderung der Richtung oder Geschwindigkeit von Fahrt- oder atmosphärischem Wind wirkt sich auf den relativen Wind aus. Bei Böen wandert er weiter nach achtern, man kann anluven. Nimmt die Geschwindigkeit zu, dreht er nach vorn, man muss abfallen. Auf Catamaranen, die sehr schnell sind, wirkt sich diese Ablenkung sehr stark aus und kann durchaus 90° erreichen. Somit können schnelle Boote wie Catamarane in der Regel nicht die gleiche Höhe laufen wie langsamere Schiffe.

Ein Spezialfall ist der Kurs vor dem Wind. Hier sind Fahrt- und atmosphärischer Wind genau gegeneinander gerichtet und heben sich teilweise auf. Der relative Wind an Bord wird kleiner als der tatsächliche Wind.

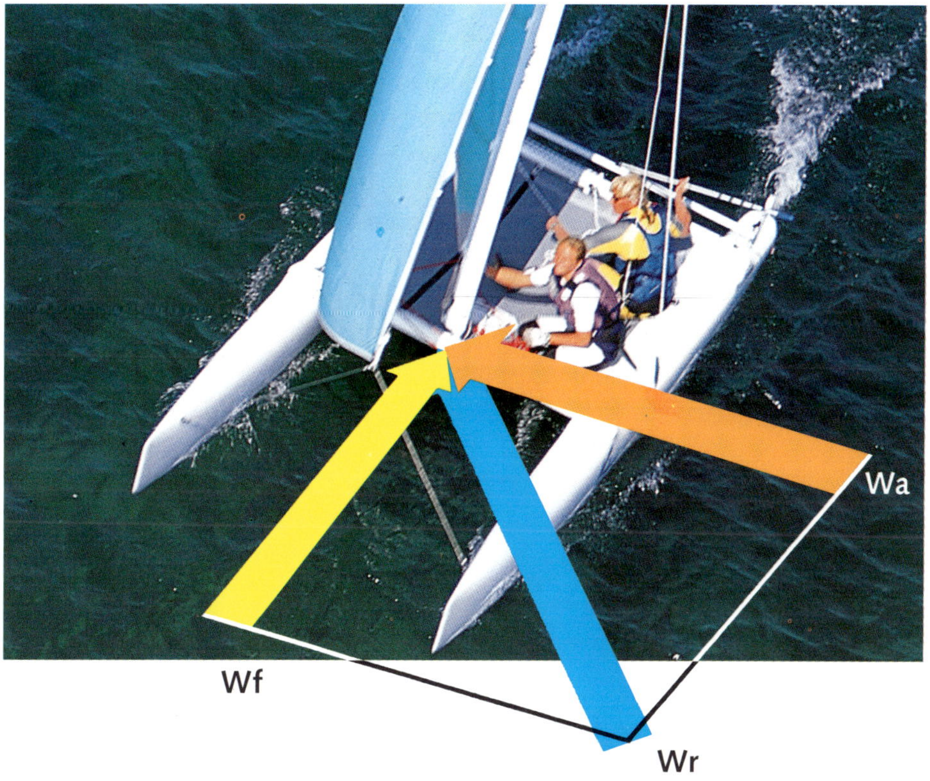

Auf Raumschotkursen bläst der atmosphärische Wind (Wa) von schräg hinten. Bei hoher Fahrgeschwindigkeit und entsprechend starkem Fahrtwind (Wf) kommt der relative Wind (Wr) von schräg vorn.

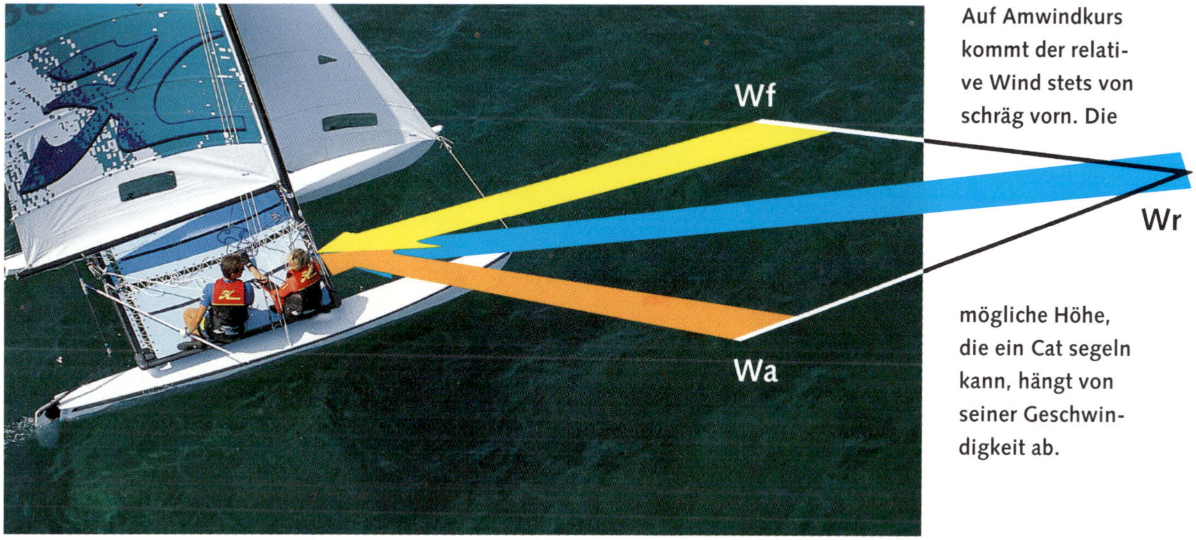

Auf Amwindkurs kommt der relative Wind stets von schräg vorn. Die mögliche Höhe, die ein Cat segeln kann, hängt von seiner Geschwindigkeit ab.

Trimmeinrichtungen

Je nach Windstärke kann das Segel mit dem Vorliekstrecker flacher oder bauchiger getrimmt werden.

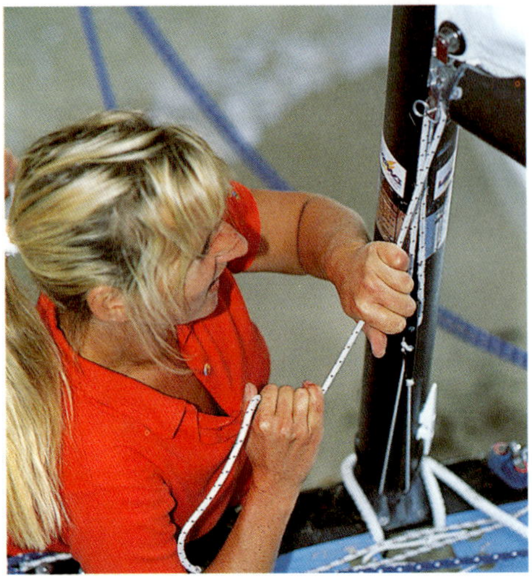

An Wanten und Vorstag werden Riggspannung und Riggfall eingestellt.

Für den richtigen Trimm gibt es keine Patentrezepte. Die wichtigsten Einstellmöglichkeiten bietet das Rigg mit seinen verschiedenen Komponenten.

Durch Erhöhung der Lattenspannung wird die Voreinstellung des Profils tiefer. Die Feineinstellung erfolgt durch unterschiedlich starkes Durchsetzen von Vorliekstrecker und (wenn ein Baum vorhanden ist) Unterliekstrecker. Je höher die Spannung, desto flacher wird das Profil.

Auch mit dem Zugwinkel der Großschot am Schothorn kann das Profil und der Twist des Segels beeinflusst werden. Wird die Schot offen gefahren, wird das Profil tiefer; steht die Schot Block auf Block, ist das Profil so flach wie möglich.

Baumlose Cats haben in der Regel eine Platte mit Löchern am Schothorn. Bei viel Wind sollte die vordere Möglichkeit zum Einhängen der Schot genutzt werden. Hierdurch wird stärkerer Zug auf das Unterliek ge-

Der Holepunkt für die Fock ist auf diesem Cat verstellbar.

bracht, und das Segel ist im unteren Bereich flacher getrimmt. Der obere Segelbereich öffnet sich und lässt starke Böen heraus. Die hintere Einstellung bewirkt, dass sich der Zug auf das Achterliek verstärkt und das Segel bauchiger getrimmt ist. Diese Einstellung wird bei weniger Wind gesegelt.

Die Holepunkte der Fock lassen sich je nach Bootstyp mit einem Traveller verändern. Sie stehen weiter innen bei dicht geholtem Großsegel, weiter außen, wenn der Traveller nach Lee gefahren wird. Die Einstellung weiter vorn bringt mehr Zug aufs Achterliek für weniger Wind; die Position weiter hinten öffnet das Liek und lässt bei böigem Starkwind Druck heraus.

Die Summe vieler Kleinigkeiten und die richtige Abstimmung machen den Cat erst richtig schnell. Die Feinheiten lernt man beim Besuch eines Fortgeschrittenenkurses in einer Catschule oder bei einem Regattatraining der Klassenvereinigung.

Diese Einstellung wird bei weniger Wind gesegelt. Die hintere Einstellung bewirkt, dass sich der Zug auf das Achterliek verstärkt und das Segel bauchiger getrimmt ist.

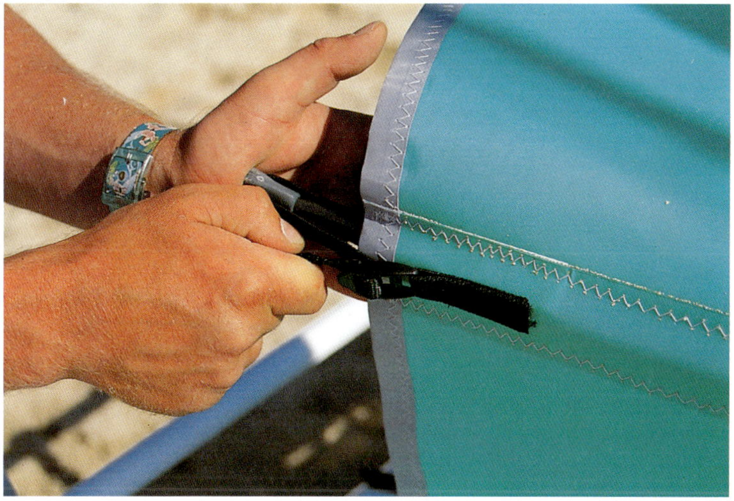

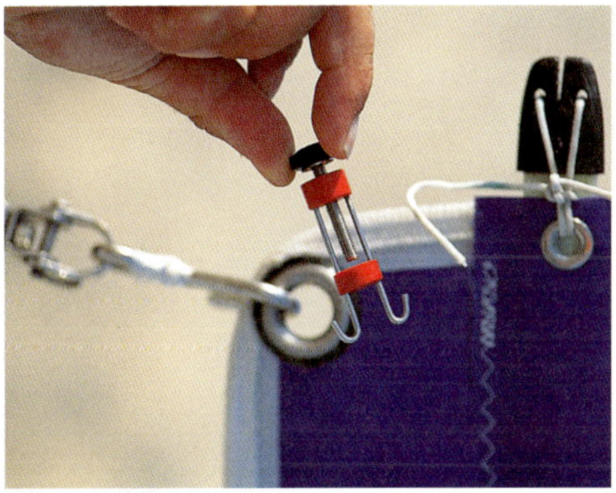

Es gibt verschiedene Spannsysteme für Segellatten: Einfache Bändsel mit Kreuzknoten, Lattenspanner oder Gurtband mit Hebelverschluss.

Basic-Wissen

473
HOBIE
CAT

Cat und Sicherheit

Wer in einem neuen Revier segelt, sollte sich zuallererst bei erfahrenen Seglern oder noch besser bei der hiesigen Wassersportschule nach den Gefahrenstellen und den Besonderheiten des Segelspots erkundigen. Aus Naturschutzgründen gesperrte Wasserflächen sind nicht immer markiert. Viele Gefahrenpunkte sind vom Ufer aus gar nicht zu erkennen. Dies gilt nicht nur für Untiefen, sondern besonders auch für Strömungen. Am Atlantik und an der Nordsee gehört die Information über Ebbe und Flut in jedem Fall zum Sicherheits-Check.

Die Abfolge von Ebbe und Flut, eine Gezeit, umfasst zwei aufeinanderfolgende Hochwasser. Ungefähr alle 12,5 Stunden erreicht das Wasser seinen jeweils höchsten Stand. Nach dem Hochwasser fällt der Wasserstand; es herrscht Ebbe, das Wasser läuft ab. Nach ca. 6,25 Stunden ist der Zeitpunkt des Niedrigwassers erreicht; anschließend steigt der Wasserstand wieder. Die stärksten Strömungen entstehen dort, wo der Tidenhub besonders groß ist, oder wo das Wasser um Inseln oder Sandbänke herum in dahinterliegende Wassergebiete fließen muss. Die Strömungsgeschwindigkeit ist jeweils in der dritten und vierten Stunde vor und nach dem Hochwasser am stärksten. Im Uferbereich kann die Strömung zudem durch Sandbänke, Inseln, Buhnen umgeleitet werden und läuft daher nur im Ausnahmefall direkt in Richtung der Gezeiten. Vielmehr dreht sie auf- oder ablandig oder verläuft parallel zur Küste.

An der Ostsee oder dem Mittelmeer wirken

Segelbergen und -setzen auf dem Wasser sollte rechtzeitig geübt werden.

Rechts: Bevor im Notfall der Cat schnell abtreibt, besser absichtlich Durchkentern.

sich die Gezeitenunterschiede kaum aus, jedoch können durch anhaltenden Wind starke Strömungen zwischen Inseln oder Landengen entstehen (Fehmarnbelt).
Gefährlich sind plötzliche Wetteränderungen: Dichte Quellbewölkung, starke Dunstbildung verbunden mit plötzlicher Windstille können die Vorboten eines Gewitters sein. Auf dem Wasser ist die Gefahr sehr groß, vom Blitz getroffen zu werden. Hier gilt: Sofort an Land segeln! Wetterinformationen erhält man in Tageszeitungen, durch Wetterbericht im Rundfunk oder bei telefonischen Ansagediensten. Sehr gefährlich können ablandige Winde sein. Zurück kreuzen bei starkem ablandigem Wind bedeutet nicht nur eine viel längere Segelstrecke zurück, sondern ist bei Starkwind und Wellengang anstrengender als schnelles Raumwindsegeln, mit dem bei ablandigem Wind gestartet wurde. Bei Kenterungen besteht die Gefahr, dass der Wind auf das hochstehende Trampolin drückt und den Cat rasch auf das offene Wasser treiben lässt.

Bei solch einer aufziehenden Front besser an Land bleiben.

Nützliches Equipment zur Vorbeugung und Sicherheit.

Ausweichregeln

Überholende Fahrzeuge müssen sich in ausreichendem Sicherheitsabstand freihalten.

Wie im Straßenverkehr, gibt es auch im Wasserverkehr eine allgemeine Sorgfaltspflicht: Jeder Verkehrsteilnehmer hat sich so zu verhalten, dass die Sicherheit und Leichtigkeit des Verkehrs gewährleistet ist und dass kein anderer geschädigt, gefährdet oder mehr als nach den Umständen unvermeidbar behindert oder belästigt wird. Wer hat wegerecht, wer weicht aus? Auf dem Wasser gibt es keine Vorfahrtsregeln, sondern ein Wegerecht. Anders als im Straßenverkehr werden immer beide Verkehrsteilnehmer in die Pflicht genommen. Der eine ist immer ausweich-, der andere immer kurshaltepflichtig. Das hat folgenden Sinn: Wasserfahrzeuge können kaum so abrupt halten, wie z. B. Autos. Deshalb müssen sich immer alle Wasserfahrzeuge, deren Kurse sich kreuzen (Kollisionskurs) oder die sich überholen, in Fahrtrichtung und Geschwindigkeit der Situation anpassen.

Allgemeine Ausweichregeln:

Maschinengetriebene Fahrzeuge sind gegenüber Segelfahrzeugen ausweichpflichtig. Fahrzeuge ohne eigenen Antrieb (Paddler, Tretboote, Ruderboote) sind gegenüber Segelfahrzeugen ausweichpflichtig. Überholende Fahrzeuge müssen sich freihalten.

Steuerbordbug weicht Backbordbug!
Wenn trotz warnenden Zurufs ein ausweichpflichtiges Fahrzeug seinen Kurs beibehält: Vorfahrt erzwingen ist verboten. Sofort ausweichen mit dem Manöver des letzten Augenblicks.

BESONDERE AUSWEICHREGELN GELTEN FÜR SEGELFAHRZEUGE UNTEREINANDER:

1. Steuerbordbug weicht Backbordbug:
Haben zwei Segelfahrzeuge der Windrichtung und ihrem Kurs entsprechend die Segel auf unterschiedlichen Seiten, muss das Fahrzeug ausweichen, welches das Segel über der rechten (Steuerbord) Seite hat, das andere ist kurshaltepflichtig.
2. Luv weicht Lee:
Haben beide Segler den Wind von der gleichen Seite und damit das Segel auf der gleichen Seite, muss das Segelfahrzeug in Luv ausweichen, das in Lee muss seinen Kurs halten.
3. Freihalten:
Überholende Fahrzeuge müssen sich freihalten.

Luv weicht Lee!
Allen Segelfahrzeugen, die man in Lee von sich sieht und die das Segel auf demselben Bug segeln, muss ausgewichen werden.

Freihalten!
Überholende Fahrzeuge müssen ausreichenden Abstand halten.

Knoten für die Praxis

Achtknoten: Am Ende eines Tampens, hier an der Travellerschot, zum Sichern gegen Durchrutschen.

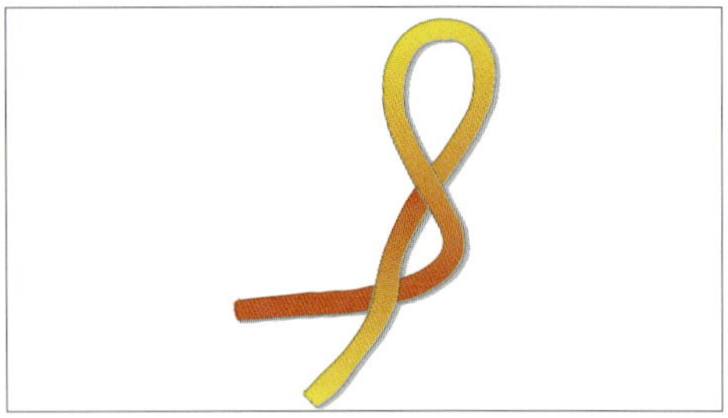

Kreuzknoten: Zum Verbinden von zwei gleich dicken Tampen; hier Gummis am Ruder.

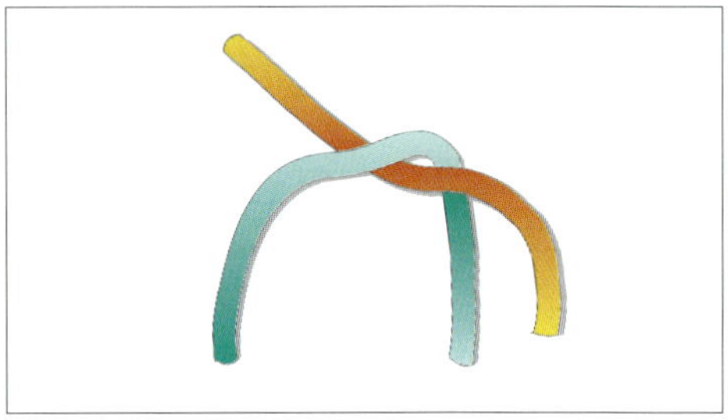

Schotstek: Hier doppelt gebunden zur Verbindung von Großschot (dick) und Travellerleine (dünn).

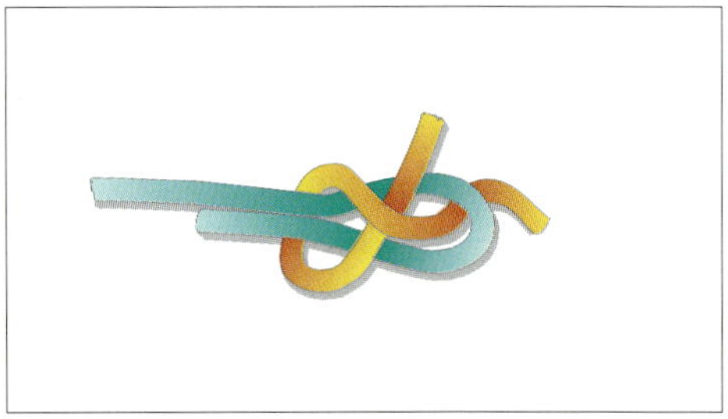

Palstek: Eine Schlaufe, die sich nicht zuzieht; hier zur Befestigung der Fockschot.

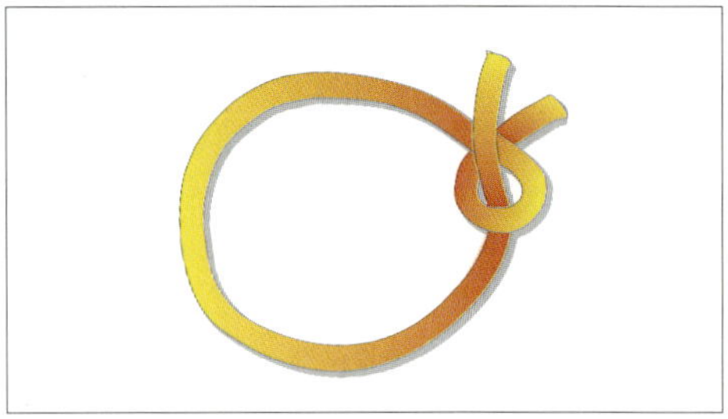

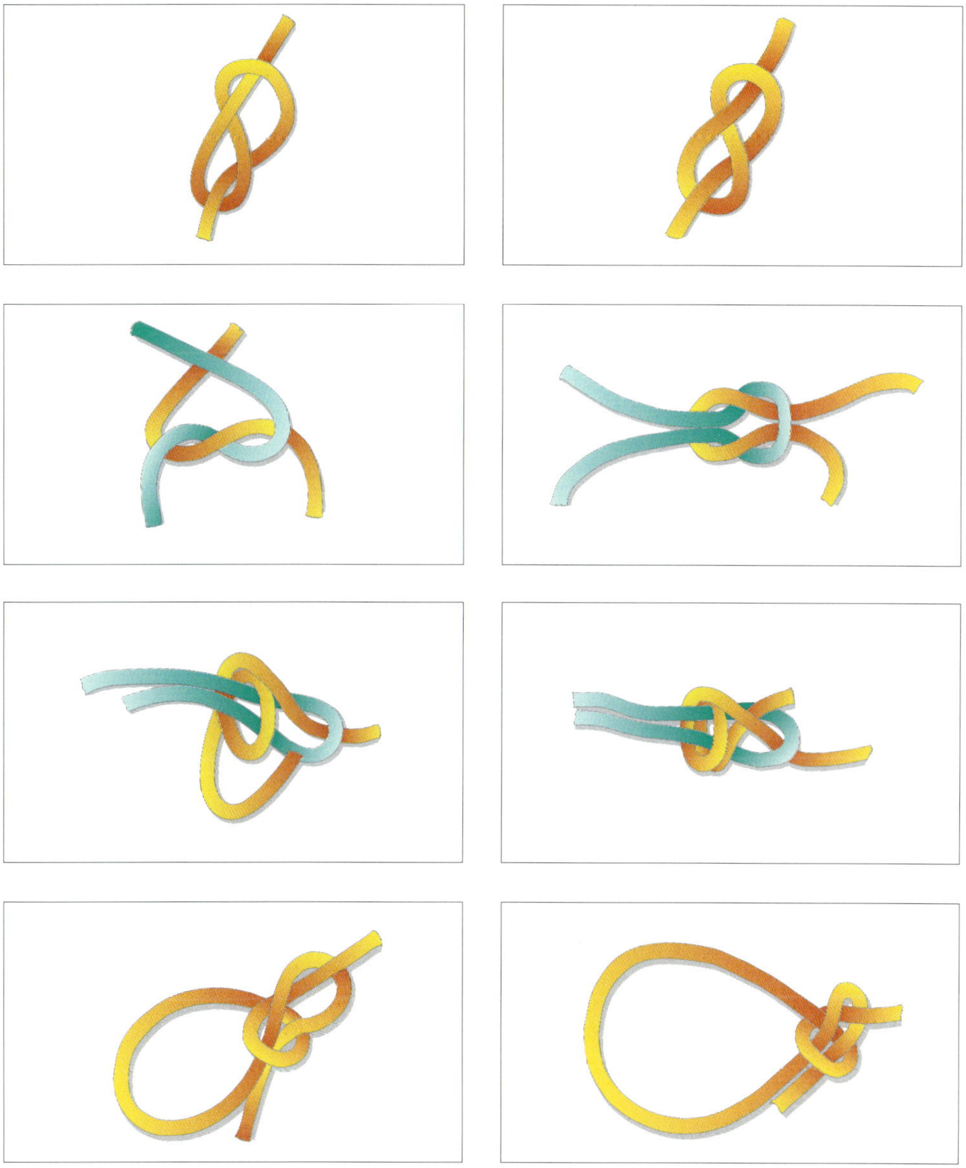

Mit demontierten Rümpfen lässt sich ein Cat am Besten trailern.

Mit einem Bugrad muss der Cat nicht ausbalanciert werden.

Wer zwei Cats transportieren möchte, benötigt einen stabilen Transportanhänger. Das zulässige Gesamtgewicht darf nicht überschritten werden.

Ein Trailer der Luxusklasse mit viel Stauraum für sämtliche Einzelteile und Zubehör. Mit seitlichem Verbreiterungsstück kann auch ein aufgebautes Fahrgestell sicher transportiert werden.

Cat-Transport

Nur kleinere Cats können auf dem Autodach transportiert werden (zulässige Dachlast beachten). Zum Transport hinter dem PKW wird ein Trailer benötigt. Für jeden Cattyp gibt es Spezialanfertigungen. Beim Transport ohne demontierte Rümpfe ist die Straßenverkehrsordnung maßgeblich. Sie schreibt vor, dass eine maximale Breite von 2,55 m nicht überschritten werden darf. Besondere Probleme kann ein Mast bereiten. Nur bei kleineren Cats werden teilbare Masten geliefert. Steht der Mast mehr als einen Meter nach hinten über Zugwagen oder Hänger hinaus, ist eine Kennzeichnung mit rotem Tuch oder Warntafel, bei Dunkelheit mit zusätzlichem Rücklicht erforderlich. In Europa sind die Vorschriften keineswegs einheitlich; sich rechtzeitig genau zu erkundigen, bewahrt vor hohen Bußgeldern oder Stilllegung des Fahrzeugs.

Eine auf dem Trailer montierte Kiste für Bauteile wie Holme, Großbaum, Segel und Trampolin sowie für Zubehör und Werkzeug erleichtert nicht nur die Organisation, sondern bietet auch einen gewissen Diebstahlschutz.

Wesentlich erleichtert wird das Handling an Land mit dem richtigen Equipment. Sehr materialschonend und eine Erleichterung beim Slippen auf hartem Untergrund ist ein Bugrad, das unter den Rumpf geschnallt wird.

Kinder auf dem Cat

Gemeinsam segeln macht Spaß! Die ersten Catversuche sollten bei leichtem Wind gestartet werden.

„Catsegeln ist ein Kinderspiel“, behaupten die meisten Catsegler, wenn sie ihren Einsteigerkurs erfolgreich absolviert haben. In der Tat: Warum sollten Kinder nicht gleich auf einem Cat segeln lernen? Die Hersteller haben sich längst auf die Jüngsten eingestellt und bieten eine große Auswahl kindgerechter Minicats an. Zum Lernen haben die Cats einen unbestreitbaren Vorteil. Sie sind bedingt durch die Bauart extrem kippstabil. Die ersten Erfolge sind schnell zu erzielen. Kein Wunder, dass in den Wassersportschulen Catamarane auch für Kinder oft faszinierender sind als Jollen. In spielerischer Form eignen sich die Jüngsten unter richtiger Anleitung schnell die elementaren Grundlagen an. Ab wann können Kinder unbedenklich auf den Cat? Wichtigste Bedingung: Sie müssen sicher schwimmen können. Dann gilt: In Beglei-

Links: Wenn Eltern und Geschwister segeln, müssen die Jüngsten nicht nachstehen.

Rechts: Geräterkundung - vorerst nur an Land!

Links: Cattragen im Kinderkurs.

Rechts: Erste Versuche als Steuermann!

tung Erwachsener, die den Cat selbst sicher beherrschen, prinzipiell schon im Grundschulalter. Die Konzentration reicht zwar meist noch nicht lange, aber Spielen und Abenteuer sollen auch Vorrang haben. Weitere Bedingung ist die richtige Ausrüstung: Nie ohne Schwimmweste. Kälteschutzanzüge sind für Kinder ebenso wichtig wie für Erwachsene. Und mit einem Trapez lässt sich herrlich auch an Land spielen.

Catamaranschule

Nahezu alle Fertigkeiten können an Land geübt werden.

Bevor man irgendwo Catsegeln ausprobiert, oder das erstbeste Boot kauft, sollte man sich vorher gut informieren. In guten Wassersportschulen vermitteln qualifizierte und von einem Fachverband lizensierte Lehrkräfte die ersten Schritte.

Die Catamaranschule sollte einen gepflegten Eindruck machen. Zerschlissene Trampoline, ausgeleierte Bootsbeschläge oder Risse in den Anzügen sind Anzeichen für mangelnde Leistungen. Am schnellsten lernt man mit speziellen Schulcats. Diese sind leicht aufzubauen und easy zu segeln. In guten Catamaranschulen mit entsprechend ausgebildeten Lehrkräften umfasst ein Anfängerkurs (Grundkurs) etwa 12 bis 15 Stunden. Der Kurs sollte mit einer Prüfung zum Cat-Grundschein enden. Mit diesem Zertifikat kann man auf der ganzen Welt in allen Wassersportschulen Catamarane ohne Probleme ausleihen. Das ist besonders wichtig in Urlaubsländern, in die man kein eigenes Boot mitnehmen kann. Eine eigene Cat-Ausrüstung ist für den Einstieg nicht erforderlich. Eine gute Catschule stellt alles erforderliche Material zur Verfügung. Nur Schuhe aus Neopren sollte man sich aus hygienischen Gründen selbst mitbringen.

Segelschulen, wie sie beispielsweise im VDWS (Verband Deutscher Windsurfing und Wassersportschulen) zusammengeschlossen sind, haben ihre Standorte international in praktisch allen wichtigen Urlaubsgebieten. Sie sind durch Schulflaggen und Zertifikatsschilder leicht zu erkennen.

Oben: Formationsfahren in der Gruppe.

Oben links: Theorieunterricht ohne gute Hilfsmittel ist in einer modernen Cat - schule kaum denkbar.

Links: An so einer Station macht Lernen Spaß.

101077
POLLENSA

Anhang

Wörterbuch

Abdrift: Durch *Querkraft* bedingtes seitliches Abtreiben eines Bootes vom Kurs, besonders hoch bei Amwindkursen.

Abfallen: Eine Richtungsänderung weg vom Wind, nach *Lee*.

Ablandig: Windrichtung vom Land auf das Wasser.

Ablegen: Vom Ufer oder Steg lossegeln.

Abtapen: siehe *Tape*

Achterholm: Der hintere Verbindungsholm zwischen den beiden Rümpfen.

Achterliek: Hintere Kante des Segels.

Achtern: Hinten.

Amwindkurs: Kurs schräg zum Wind, mit dem man *Höhe* gewinnt.

Anluven: Richtungsänderung zum Wind hin, nach *Luv*.

Anstellwinkel: Winkel, in dem die Segel zum *relativen Wind* eingestellt werden.

Asymmetrische Rümpfe: Außen- und Innenseite eines Rumpfes haben unterschiedliche Radien.

Atmosphärischer Wind: Tatsächlich wehender Wind, auch „wahrer" Wind genannt.

Auffieren: Siehe *fieren*.

Aufholer: Eine Einrichtung mit der etwas hochgeholt werden kann, z.B. Ruderaufholer, Schwertaufholer.

Auflandig: Windrichtung vom Wasser in Richtung Land.

Aufrichtleine: Auch Kenterleine, Halteleine für die Crew, mit der ein Cat nach der Kenterung wieder aufgerichtet wird.

Aufschießer: Das Boot direkt gegen den Wind steuern, um zum Stehen zu kommen.

Auftrieb: Kraft, die durch Druckdifferenz am angeströmten Segel entsteht zwischen der Luftströmung auf der Leeseite (Unterdruck) und Luvseite (Überdruck), siehe auch *Segelkraft*.

Ausleger: In der Mitte der Spurstange angebrachte lange Stange (z.T. mit Teleskopauszug), mit der die Steuerbewegungen erfolgen.

Ausreiten: Körpergewicht nach Luv über die Bordkante bringen.

Ausreitgurt: Gurte in Längsrichtung auf dem Trampolin, unter die ein Fuß zum Sichern beim Ausreiten gesteckt wird.

Ausweichpflicht: Wer kein Wegerecht (Vorfahrt) hat, muss ausweichen.

Backbord: In Fahrtrichtung gesehen linke Seite eines Bootes.

Backbordbug: Segel stehen auf der Backbordseite, Boot segelt auf Backbordbug.

Backhalten: Segel nach Luv halten, gegen den Wind drücken.

Baum: Eine quer zum Mast befestigte Stange zum Anschlagen und Trimmen von Segeln, z.B. *Großbaum*, *Spibaum*.

Beam: Englische Bezeichnung für *Holm*.

Beaufort: Bezeichnung für Windstärken; Abkürzung Bft.

Beidrehen: Manöver zum Beiliegen.

Beiliegen: Ruheposition auf dem Wasser, in der das Boot keine Fahrt macht.

Belegklemme: Vorrichtung, in der man Leinen festmachen (belegen) und schnell wieder lösen kann.

Block: Umlenkrolle für Leinen.

Bö: Plötzlicher Windstoß.

Bug: Vorderer Teil des Rumpfes.

Bügelarretierung: Einrastsystem für das Großsegel am Masttopp mit einem Bügel.

Crew: Die Mannschaft eines Bootes.

Cunningham: Anderes Wort für Vorliekstrecker.

Diamonds: Drahtseile, die über eine *Saling* geführt den Mast gegen Verbiegung abstützen und versteifen.

Dichtholen: Segel mit Hilfe der Schoten gegen den Winddruck heranziehen.

Doppeltrapez: Steuermann und Vorschoter haben jeder ein *Trapez*.

Durchgelattet: Die Segellatten sind durchgehend vom Vorliek zum Achterliek.

Durchkentern: Wenn der Cat so kentert, dass der Mast nach unten zeigt.

Durchsetzen: Eine Leine strammer ziehen, z.B. *Vorliek* oder *Fall*.

Einhandsegler: Segler, der allein segelt.

Einhandtrapez: Allein segelnd im Trapez stehen.
Ende: Eine kurze Leine.
Fahrtwind: Der Wind, der durch Eigenbewegung entsteht, ist immer der Fahrtrichtung entgegengesetzt.
Fall: Leine, mit der das Segel hochgezogen wird, z.B. *Groß-, Fock-, Spifall*
Fallarretierung: Vorrichtung zum Aufhängen des Großsegels am Masttopp, um Stauchdruck auf den Mast zu reduzieren.
Fieren: Schoten nachlassen, um das Segel zu öffnen und den Wind rauszulassen oder um die Segel auf einen anderen *Kurs* einzustellen.
Flieger: Bezeichnung für *Halbwindkurs*.
Fock: kleines *Vorsegel*
Fockfall: siehe *Fall*
Gennaker: Ballonartiges großes *Vorsegel* für *Raumwindkurse*, ähnlich wie *Spinnaker*, aber asymmetrisch geschnitten.
Gewichtstrimm: Einsatz des Mannschaftsgewichtes, um das Boot schneller zu machen oder aufrecht zu segeln.
Großbaum: Am Mast befestigte Stange, an der das *Unterliek* des Großsegels angeschlagen ist.
Großfall: Leine, um das Großsegel am Mast hochzuziehen.
Großschottalje: Flaschenzug, in dem die Großschot läuft zur Kraftreduzierung beim Einstellen des Großsegels.
Großsegel: Das in der *Mastnut* eingeführte große Segel auf dem Schiff.
Hahnepot: Drahtseil zwischen den Bugspitzen als Befestigung für das *Vorstag*.
Hakenarretierung: Eine *Fallarretierung* mittels eines Hakens.
Halbwindkurs: Wenn das Boot etwa rechtwinklig zum atmosphärischen Wind segelt.
Halse: Richtungsänderung mit dem *Heck* durch den Wind, wobei die Segelseite gewechselt wird.
Hauptbeschlag: Bogenförmiger Beschlag am *Masttopp*, an dem *Wanten, Vorstag* und *Trapez* befestigt sind.
Hauptholm: siehe *Vorderholm*.
Heck: Hinterer Teil des Bootes
Hecktrapez: Eine vom Heck kommende Leine, die beim Trapezsegeln gegen Zug nach vorne sichert
Hoch am Wind: Ein Kurs, bei dem man maximale *Höhe* nach *Luv* gewinnen will
Höhe: Distanz von einem bestimmten Punkt nach Luv; das Gegenteil ist *Tiefe*
Holepunkt: Durch Blöcke fixierter Umlenkpunkt für Schoten.
Holm: Als *Vorder-* und *Achterholm* Querverbindung zwischen den beiden Rümpfen; *Längsholm* als Aufbau für Trampolin.
Im Wind: Eine Position des Schiffs, bei der der Wind genau von vorn kommt.
Jolle: Sportliches kleines Einrumpfsegelboot.
Kenterleine: Auch Aufrichtleine genannt, am Mast befestigte Leine zum Aufrichten des Cats nach einer Kenterung.
Kentern: Das Umkippen eines Bootes, meist in die Seitlage, siehe auch *Durchkentern*.
Killen: Die Segel oder Teile des Segels sind nicht mit Wind gefüllt und flattern.
Kollisionskurs: Zwei Boote segeln so aufeinander zu, dass es zur Kollision käme, wenn keines ausweicht.
Krängung: Schräglage eines Bootes.
Kreuzen: Zick-Zack-Kurs zum Ziel in Luv oder Lee.
Kurs: Fahrtrichtung bezogen auf den atmosphärischen Wind.
Kurshaltepflicht: Bei einem *Kollisionskurs* muss das Boot mit Wegerecht (Vorfahrt) seinen Kurs halten, damit das *ausweichpflichtige* Boot reagieren kann.
Laminare Strömung: Die Luft strömt ohne Verwirbelungen parallel am Segel entlang.
Längsholm: Holm in Längsrichtung des Cats zwischen *Vorder-* und *Achterholm*
Lateralfläche: Die unter Wasser liegenden Flächen des Schiffs, die der *Abdrift* entgegenwirken.
Latten: Dünne Stangen im Segel, die das Segelprofil stabilisieren.
Lattenbändsel: Schnüre, mit denen die Segellatten eingebunden werden.
Laufendes Gut: Alle Leinen im Rigg, die beweglich sind, siehe auch *stehendes Gut*.

Lee: Die dem Wind abgewandte Seite; in Lee liegend: alles, was in Windrichtung liegt.

Leegierig: Das Boot neigt ohne Ruderwirkung zum *Abfallen.*

Lenzen: Wasser aus dem Rumpf entfernen.

Lenzöffnung: Tief am Heck des Rumpfes angebrachte kleine Öffnung zum Ablassen von eingedrungenem Wasser.

Lenzschraube: Stöpsel, der in die Lenzöffnung gedreht wird.

Liek: Seite eines Segels.

Locheisen: Gelochte Platte an den *Püttings*, um Verstellungen am *stehenden Gut* vornehmen zu können, z.B. an *Wanten* und *Vorstag.*

Lukendeckel: Wasserdichte Abdeckung für die Lukenöffnung im Rumpf.

Lümmelbeschlag: Vorrichtung am Mast, an der der Großbaum befestigt wird.

Luv: Die dem Wind zugewandte Seite; in Luv liegend: alles, was gegen die Windrichtung liegt.

Luvgierig: Das Boot neigt ohne Ruderwirkung zum *Anluven.*

Mastcontroller: Metallgabel am Mastfuß zur Einstellung der *Mastrotation (Rotierer).*

Mastfall: Mastneigung nach hinten; Verstellung wirkt sich auf Längstrimm und Segeltrimm des Bootes aus.

Mastfuß: Unteres Ende des Mastes.

Mastkugel: Kugel auf dem Vorderholm zur Aufnahme des *Mastfußes.*

Mastnut: Führungskanal für das *Vorliek* des Großsegels an der Hinterseite des Mastes.

Mastrotation: Drehung des Mastes, um eine optimale Anströmkante für den Wind am Vorliek zu erhalten.

Masttopp: Der oberste Teil des Mastes.

Multihull: Engl. Begriff für Mehrrumpfboot.

Nahezuaufschießer: Das Boot wird, anders als beim *Aufschießer,* nicht vollständig in den Wind gedreht; es wird zwar abgebremst, bleibt aber manövrierfähig.

Niederholer: Leine, mit der etwas unten gehalten werden kann, z.B. das Schwert oder das Ruder.

Nippelarretierung: Eine Fallarretierung, bei der eine Hülse auf das Fall gepresst ist.

Optimaler Kurs: Der Kompromiss zwischen *Höhe* bzw. *Tiefe* und Geschwindigkeit beim *Kreuzen* nach *Luv* bzw. *Lee.*

Patentschäkel: siehe *Schäkel.*

Pinnenausleger: Beim Cat die mittels Drehgelenk auf der *Spurstange* befestigte Verlängerung der Pinnen zur Bedienung der *Ruder.*

Profil: Form und Wölbung des Segels.

Projizierte Fläche: Die der Strömung tatsächlich entgegenwirkende Fläche, relevant für Segel- und Lateralfläche. Die projizierte Segelfläche ist bei aufrecht gesegeltem Cat groß, bei *Krängung* kleiner. Die projizierte Lateralfläche ist relevant für die Stärke der *Abdrift.*

Pütting: Beschlag am Rumpf, an dem die *Wanten* befestigt sind.

Querkraft: Zur Seite gerichtete Komponente der *Segelkraft.*

Querstabilität: Das seitliche Kippverhalten des Bootes.

Q-Wende: Wende, bei der das Boot das eigene Fahrwasser kreuzt.

Raumender Wind: Der atmosphärische Wind dreht in Verbindung mit Böen nach achtern.

Raumschots: Einstellung der Schoten beim Raumwindkurs.

Raumwindkurs: Kurs des Bootes schräg vom Wind weg, auf raumem Kurs oder raumschots segeln.

Reffbändsel: In den Segeln angebrachte kurze Leinen zum Einbinden beim Reffen.

Reffen: Verkleinern der Segelfläche durch Einbinden oder -rollen von Teilflächen bei viel Wind.

Relativer Wind: Der resultierende Wind aus *Fahrtwind* und *atmosphärischem Wind.*

Rigg: Alle Teile oberhalb der *Rümpfe.*

Rollerleine: Leine, mit der die Rollfock bedient wird.

Rollfock: Um das *Vorstag* aufrollbare Fock.

Rotierer: Vorrichtung zur Einstellung des Drehradius für die *Mastrotation (Mastcontroller).*

Ruderanlage: Alle Teile der Steuervorrichtung.

Ruderblatt: Der am drehbaren *Ruderkopf* gelagerte, ins Wasser gesenkte Teil der Ruderanlage

Ruderdruck: Die Ruder drücken gegen den gesteuerten Kurs eines Bootes, wenn es nicht richtig getrimmt ist oder wenn die Ruderanlage falsch eingestellt ist.

Ruderkopf: Teil der Ruderanlage, in dem das *Ruderblatt* sitzt.

Ruderpinne: Verlängerung vom *Ruderkopf* zur *Spurstange.*

Rumpf: Schwimmkörper des Bootes.

Saling: Waagerechte Spreizen in der Mitte des Mastes zur Führung der *Diamonds.* Saling und Diamonds dienen zur Abstützung des Mastes.

Schäkel: Metallbügel mit schraubbarem Verschlussbolzen oder mit gesichertem Bolzen als Patentschäkel.

Scheinbarer Wind: siehe *relativer Wind.*

Schlag: Die gesegelte Distanz zwischen zwei Wenden oder Halsen.

Schot: Leine zum Bedienen eines Segels.

Schothorn: Hintere Ecke des Segels zwischen *Achter-* und *Unterliek.*

Schralender Wind: Der atmosphärische Wind dreht in Verbindung mit Böen weiter nach vorn.

Schwenkruder: Ein *Ruderblatt*, das nach schräg hinten hochgeholt wird.

Schwenkschwert: Ein *Schwert* das nach schräg hinten hochgeholt wird.

Schwert: Profilierte Platte, die die *Lateralfläche* gegen die seitliche *Abdrift* vergrößert.

Schwimmer: siehe *Rumpf.*

Segeldruckpunkt: Gedachte Stelle im Segel, in der die Summe der Einzelkräfte aus der Strömung am Segel als *Segelkraft* wirksam wird.

Segelhals: Ecke des Segels zwischen *Vor-* und *Unterliek.*

Segelkopf: Ecke des Segels zwischen *Vor-* und *Achterliek.*

Segelkraft: Summe der aus der Luftströmung resultierenden Kräfte am Segel.

Segellatten: siehe Latten.

Sideshore Wind: Parallel zum Ufer wehender Wind.

Slippen: Ein Boot ins Wasser bringen.

Slippwagen: Leichter Wagen zum Bewegen des Bootes am Strand.

Spi: Abkürzung für Spinnaker.

Spibaum: Baum für den Spi, auf Cats fest am *Vorderholm* und an der *Hahnepot* montiert.

Spifall: Leine zum Setzen des *Spinnakers.*

Spinnaker: Ballonartiges Vorsegel für Halbwind- bis Vorwindkurse. Der Begriff wird häufig auch für *Gennaker* verwendet.

Spischot: Schot zur Bedienung des *Spinnakers.*

Spitasche: Tasche auf dem Trampolin für den *Spinnaker*, wenn er nicht gesetzt ist.

Spurstange: Querstange, mit der die beiden *Ruderpinnen* verbunden sind.

Stagreiter: Am Vorliek der *Fock* befestigte Haken, die ins *Vorstag* eingehängt werden.

Stecker fahren: Unterschneiden der leewärtigen Bugspitze mit schlagartigem Abbremsen.

Steckruder: Ruderblatt, das senkrecht verstellt wird.

Steckschwert: Ein Schwert, das nur senkrecht im Schwertkasten bewegt wird.

Stehendes Gut: Alle nichtbeweglichen Leinen und Drähte am Rigg, siehe auch *laufendes Gut.*

Steuerbord: In Fahrtrichtung gesehen rechte Seite eines Bootes.

Steuerbordbug: Segel stehen auf der Steuerbordseite; auf Steuerbordbug segeln.

Symmetrische Rümpfe: Die Innen- und Außenseiten der Rümpfe haben die gleiche Wölbung.

Talje: Flaschenzug.

Tampen: Sammelbegriff für kurze Leinen.

Tape: Klebeband zum Abkleben und Sichern von Splinten und scharfen Stellen.

Telltales: Engl. Begriff für *Windfäden* im Segel.

Tiefe: Distanz zur Leeseite, das Gegenteil von *Höhe.*

Trailer: Bootsanhänger für den Transport des Cats mit dem PKW.

Trampolin: Zwischen Holmen und Rümpfen verspannte Plane oder Netz.

Trapez: Vorrichtung, um das Körpergewicht weiter nach Luv zu bringen, indem man sich außenbords an den Trapezdraht hängt und nur mit den Füßen am Rumpf abstützt.

Trapezgriff: Hilfe zum Aus- und Einsteigen beim Trapezsegeln.

Traveller: Beweglicher Schlitten auf einer Führungsschiene am *Achterholm*, mit dem der *Anstellwinkel* des Großsegels eingestellt wird.

Treiben auf dem Bug: Manöver, bei dem der Cat im Wind liegend rückwärts treibt.

Trimm: Maßnahmen für die Geschwindigkeit und Richtungsstabilität eines Bootes.

Überdruck: Druck auf der Luvseite des Segels.

Unterdruck: Sog auf der Leeseite des Segels.

Unterliek: Unterkante des Segels.

Unterliekstrecker: Vorrichtung zum Spannen des Unterlieks.

Unterschneiden: Die Bugspitzen der Rümpfe tauchen ins Wasser.

Unterzug: Unter dem Vorderholm montierter Metallbügel, der den Druck des Mastes auf den Holm reduziert.

Verklicker: Windrichtungsanzeiger im Masttopp, bei Cats unter der Hahnepot.

Vorderholm: Holm, auf dem der Mast steht, deshalb auch Hauptholm genannt.

Vorliek: Vorderkante des Segels.

Vorliekstrecker: Leine, mit der das Vorliek gespannt wird.

Vorschot: Leine zur Bedienung der Fock.

Vorschoter: Crewmitglied, das die Vorsegel bedient.

Vorsegel: Alle Segel vor dem Mast, z.B. Fock oder Gennacker.

Vorstag: Drahtseil, das vom Mast zur *Hahnepot* läuft und den Mast zusammen mit den *Wanten* oben hält.

Vortriebskraft: Nach vorn gerichtete Komponente der *Segelkraft.*

Vorwindkreuz: Ein Zick-Zack-Kurs, um ein Ziel in Lee zu erreichen, bestehend aus Raumwindkursen und Halsen.

Vorwindkurs: Der direkte Kurs von Luv nach Lee. Beim Catsegeln wird damit häufig ein tiefer Raumwindkurs gemeint, da der reine Vorwindkurs unüblich ist.

Wahrer Wind: siehe *atmosphärischer Wind.*

Wanteisen: siehe *Locheisen.*

Wanten: Drahtseile, die links und rechts vom *Hauptbeschlag* des Mastes zum Rumpf führen und den Mast zusammen mit dem Vorstag fixieren.

Wende: Manöver, bei dem der Bug durch den Wind dreht und die Segelseite gewechselt wird.

Windfäden: Im Segel angebrachte Fäden, die die Luftströmung anzeigen.

Windkante: Der optimale Kurs nach Luv oder Lee, bei dem die Strömung auf Luv- und Leeseite der Segel laminar anliegt.

Windspion: An der Hahnepot angebrachte Fäden, die den relativen Wind anzeigen.

Wuling: Durcheinander.